Nationally Planned Textbook for Digital Marketing Communication Colleges and Universities

高等院校广告专业数字营销传播规划教材

丛书主编：张金海　姚　曦

数字营销策划与创意

Digital Marketing and Creative Stragety

李小曼　李　明　余晓莉　编著

中国建筑工业出版社

图书在版编目（CIP）数据

数字营销策划与创意/李小曼，李明，余晓莉编著. —北京：中国建筑工业出版社，2016.8

高等院校广告专业数字营销传播规划教材

ISBN 978-7-112-19587-9

Ⅰ.①数…　Ⅱ.①李…②李…③余…　Ⅲ.①网络营销—营销策划—高等学校—教材　Ⅳ.①F713.36

中国版本图书馆CIP数据核字（2016）第159602号

责任编辑：李成成　李东禧
责任校对：王宇枢　张　颖

教材赠送课件资源下载说明：

本书赠送课件资源请进入 http://edu.cabplink.com 页面，点击"素材共享"栏目查询对应资源点击下载。（注：需免费注册网站用户，在会员中心修改资料为教师身份并完善教师基本信息，经管理员审核后方可下载）。

客服电话：4008-188-688（周一至周五 8:30-17:00）。

高等院校广告专业数字营销传播规划教材
丛书主编：张金海　姚　曦

数字营销策划与创意

李小曼　李　明　余晓莉　编著

*

中国建筑工业出版社出版、发行（北京西郊百万庄）
各地新华书店、建筑书店经销
北京京点图文设计有限公司制版
北京中科印刷有限公司印刷

*

开本：787×1092毫米　1/16　印张：9　字数：177千字
2016年9月第一版　2016年9月第一次印刷
定价：35.00元（赠课件）
ISBN 978-7-112-19587-9
　　　（29072）

总 序 ▌Foreword

在探索中前行

自现代广告制度确定以来，广告在其前行的路上，一直顺风顺水，一片坦途。然而，广告终于逃脱不了产业生命周期定律带来的厄运。自20世纪90年代以来，现代广告接二连三遭遇到严重挑战，从而引发一次又一次的生存危机。

挑战首先来自"整合营销传播"。在营销环境与传播环境日益复杂的状况下，任何单一的营销推广手段都不足以成功执行营销。于是，有了"广告消亡"的惊呼，也有了拯救者的"整合营销传播"之论。此次挑战造成的后果，并非如"广告消亡"论者所预示的那般严重。广告固有的生存形态与传播形态并未发生根本性的改变，只是促进广告与其他营销传播方式的有效"整合"，从而造成广告运作形态从单纯的广告传播进一步走向以广告为工具的整合营销传播的某种转型，但此次挑战却为传统广告的现代生存敲响了警钟。

进入21世纪之后，最为严重的挑战终于来临。在互联网与数字传播的背景下，现代广告最严重的生存危机终于发生。

在互联网与数字传播的背景下，广告"泛形态化"与"资讯化"发展，消解着传统广告固有的生存形态，传者与受者之间的"交互式"传播，受者的"参与式"传播，线上的"立体化"传播与线上线下的"互动式"传播，消解着传统广告固有的传播形态，作为互联网传播与数字传播产物的"大数据"及其分析技术，将颠覆性地改变营销与传播的决策程序，促使营销传播管理从以"目标"为驱动走向以"数据"为驱动；将严重拷问基于有限资讯分析的广告策划与创意的传统广告核心状态与广告人智慧，甚至有可能发生数据专家与大数据分析技术的智能光芒，掩盖住广告人的智慧光辉。在互联网与数字传播的背景下，传统广告发生着从生存形态到传播形态到运作形态的全面解构，传统广告已经不可能完全按照传统的方式继续生存。传统广告的此番生存危机，是广告发展历史进程中从未遭遇过的，紧迫而深重。

新旧事物的更替，并不是在顷刻间完成的，往往在较长一段时间仍处于"共同生存"的空间，这是事物演进的共同规律，广告的发展演进也不例外。旧的广告形态依存，但其生存空间却越来越迅速地被新的营销传播形态所挤占。当此之际，自觉的创新发展变得越来越必要。古人云："若无新变，则不能代雄。"发展百余年的现代广告，百余年一直无大变。号称最富创意的广告，从产业发展的角度来考量，竟是最保守的行业。当传统广告遭遇互联网与数字传播严重挑战而发生深重的危机时，若再不思新变，从迅速衰落而走向逐渐消亡将无可避免，"代雄"只能是广告的一种过去时，而仅存于苦涩的反思与回忆之中。

危机迅速唤醒着广告新变的自觉意识，迅速激活着广告人新变的智慧。从一点一滴开始，全球广告人不断积累着数字营销传播的智慧与经验，中国广告人也在不断积累着数字营销传播的中国智慧与经验。广告人痛苦着并快乐着，他们与传统广告一道，正经受着炼狱般的煎熬，并充满期待地祈盼着浴火后的再生、蜕变与涅槃。

教科书的编纂是一桩庄严而神圣的事。教科书所容纳的往往是一个学科或专业成熟而系统的科学知识体系。也许到目前为止，广告人所积累的数字营销传播的经验知识，尚未充分成熟而系统化，但数字营销传播神速的发展现实，却无时无刻不在呼唤经验知识的学理化与科学化。中国的广告教育，似乎真到了应该编纂一部数字营销传播教材的时候了。

当中国建筑工业出版社提出这一构想，并真诚发出出版邀约时，尽管我们惶恐忐忑，却依然欣然作出了承允。于是，由武汉大学牵头，组织全国10余所高校，共同编纂了这套"全国高等院校数字营销传播规划教材"。将业界数字营销传播的经验与智慧作出科学化的总结与提升，乃我们所愿，却非我们所尽能。编纂的过程充满艰难，我们同样痛苦着并快乐着，同样经受着炼狱般的煎熬，同样期待着知识的蜕变与涅槃。

中国建筑工业出版社为本套教材的编纂所作出的投入和所付出的耐心，让我感动，也让我们惭愧，你们的眼光、胆识与信任，更让我们钦佩。姚曦教授的付出是巨大的，从智慧到心力。感谢参与本套教材编纂的所有作者同仁。

谨以此作呈献并致敬于读者诸君。

张金海
于武昌珞珈山
2016.7.24

前 言 ▌Preface

在互联网技术的不断驱动下，传统营销演变为网络营销，继而蜕变为数字营销。当下，营销传承了传统的精华，亦汲取了时代的新意，告别了广而告之，营销迈向了精准营销的更高境界。

这本《数字营销策划与创意》是基于教师多年教学研究与大量学生的实习、实践经验，融合了理论教学与实践教学编写而成的。本教材遵循数字营销发展的基本逻辑顺序，系统地介绍了数字营销的理论与策划问题。全书共分为五章：一、数字营销策划与创意概述；二、数字营销的三个阶段；三、Web1.0时代的新媒体策划与创意；四、Web2.0（2004～2007年）数字营销的策划与创意；五、Web2.0（2008年至今）数字营销的策划与创意。

本教材兼具理论性和实践性，一方面可以满足数字营销人才培养的需要；另一方面可以满足业界人士进行数字营销的策划与创意操作的需要。本教材具备以下几个特点：

一是注重理论性。广泛汲取了数字营销领域的最新理论研究成果，对数字营销的发展阶段、新媒体的策划与营销、Web1.0与Web2.0数字营销的策划与创意进行了深入、细致的探讨，具有一定的理论深度。

二是注重逻辑性。内容的结构和章节安排遵循数字营销发展的逻辑顺序，分阶段对数字营销的相关概念、发展特点等进行了阐述。整本教材结构严谨、逻辑严密、层次清楚。

三是注重前沿性。介绍了以门户网站、垂直网站、博客、微博、微信等为代表的各种新兴媒体的营销形式、特点等，吸纳了营销策划的最新理念和方法，力图做到前沿和独具特色。

四是注重实践性。为了阐明如何正确、有效地使用数字媒体进行营销的策划和创意，本教材导入了大量鲜活的数字营销策划案例，进行了深入的案例讨论和分析，非常直观地呈现了数字营销策划与创意的操作技巧，为学生和营销人员在实际工作中进行数字营销的操作提供了优秀范本。

本教材既可以作为高等院校广告学、市场营销、文化产业管理等相关专业的本科教材，也可作为对营销感兴趣的各界人士的参考书。

本教材由李小曼、李明、余晓莉主编。参加编写的有：

第一章：张鑫卉；

第二章：陈仲喜；

第三章：李莉、李雯凤；

第四章：李浩然、李雯凤；

第五章：李柯、李雯凤。

同类教材汇编梳理：王欣。

初稿完成后，张鑫卉参与统稿与整理。

感谢对本书出版作出努力的老师、同学和编辑，疏漏之处欢迎批评赐教。

目 录 ▍Content

第一章　数字营销策划与创意概述

↘ 第一节　人的生存方式与数字营销的产生

一、消费者数字化生活方式

在人类历史上，人的主要生活方式有两种：自然生存和技术生存。❶自然生存指的是人生活所需的衣食住行等基本要素，自然生存保证了人的生命得以延续。然而，随着人类文明的进步，技术生存逐渐成为人们生活的主要方式，人们越来越依赖于技术带来的便利，习惯于由技术构造出的虚拟与现实生活结合的日常生活状态。技术生存是数字营销产生的背景。

自然生存是人类依靠自然因素而生存的方式，是人类最基本的生存方式。人类在刀耕火种时期处于完全的自然生存状态，这是人生存的基本特征。直到现在，人类依然离不开最基本的自然生存，即衣、食、住、行。随着人类文明的发展，人类创造和发明新的工具来取代自然的物品，工具的制造依赖于技术的进步，技术使人类从依赖自然生存逐渐向依赖技术生存转变。这也是传统营销需要向数字营销转变的原因。

美籍奥地利经济学家约瑟夫·熊彼特先后在其著作《经济周期》和《资本主义、社会主义和民主主义》中认为，技术的革新推动人类经济发展，并且形成了"经济长周期"。而人们所处的经济长周期同时又决定了人类技术生存的具体形式。"一些经济学家将人类技术生存时期划为5个长周期，早期器械化为标志的第一次长周期主要解决了人们'衣'的问题；以蒸汽化为标志的第二长周期解决了动力及货物运输问题；以电气化为标志的第三次长周期进一步解决了动力问题，同时解决了'行'的问题和'通信'的问题；以自动化为标志的第四次长周期全面提升了人们的'衣'、'食'、'住'、'行'，同时，又解放了人脑。自1990年代以来，人类进入以数字化技术为标志的第五次长周期，需要解决的主要是人们的'沟通'问题、'虚拟生存'问题

---

❶ 姚曦，秦雪冰. 技术与生存：数字营销的本质[J]. 新闻大学，2013（6）：58-63.

与健康问题。"❶

1990 年代，全球信息革命的爆发，标志着人类经济第五次长周期的到来，数字信息技术是当下主要的技术形式，人类进入"数字化生活方式"。尼葛洛庞帝在《数字化生存》中写道："未来数字化生活将会是'随选信息'（on-demand information）的天下"。❷数字化生存即是虚拟现实向真实生活的渗透，我们将生存在虚拟世界与现实世界的双重生活空间中。而数字营销，即是在虚拟空间中进行营销从而影响到人在现实世界的购买行为。

国内学者王雅林、黄莺认为，数字化生存就是信息化、数字化、网络化等科技革命与人的生存方式变革的内在联系与结构关系。❸张丽霞等人认为，数字化生存就是利用数字技术在数字化空间中工作、学习和生活的全新生存方式，是以数字形式体现的社会生存状态，是在数字环境中所发生的一切行为的综合、体验与感受。❹在信息化、数字化、网络化等科技发展对人类生存方式产生巨大影响和塑造的环境下，生活方式的改变有利于公众适应社会变迁和文化脱节，实现科技与人文文化的平衡，缓解数字化技术可能对社会生活产生的负面影响。

在国内关于数字化生活方式的研究中，麦肯锡 iConsumer 2015 中国数字消费者调查报告中揭示了目前中国数字化生活方式的深入程度。报告覆盖了中国不同级别城市以及广大农村地区共计约 6.3 亿的互联网用户，对其行为和意愿进行了深入的调查和挖掘。报告显示，中国成为世界上社交网络用户数量最多的国家之一，中国共有 5 亿社交网络用户使用 QQ、微信、微博等社交软件，并且，社交网络用户的网购比例比使用社交网络之前增加了 38%❺（图 1-1），社交商务快速崛起，以微信直销网络为代表的移动社交平台直销模式快速兴起，掌握社交营销将成为新时期零售商突破重围的制胜之道。

---

❶ 姚曦，秦雪冰.技术与生存：数字营销的本质[J].新闻大学，2013（6）：58-63.
❷ 尼葛洛庞帝.数字化生存[M].胡泳等译.海口：海南出版社，1997.
❸ 王雅林，黄莺."数字生存"挑战与生活方式的建构性调适[J].自然辩证法研究，2003（6）：63-67.
❹ 张丽霞，袁丽.数字化生存能力的内涵与结构解析[J].中国电化教育，2012（1）：24-28.
❺ 刘家明，季翔，龚方，李丽华，廖念玲.iConsumer 2015中国数字消费者调查报告——对选择和变化日益强烈的渴望[R].

社交商务的快速崛起——社交网络大大促进了消费者使用网络购物

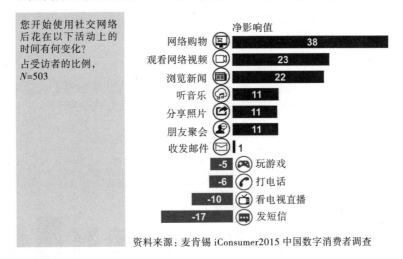

资料来源：麦肯锡 iConsumer2015 中国数字消费者调查

图1-1　中国社交网络使用情况调查

（资料来源：iConsumer 2015 中国数字消费者调查报告：对选择和变化日益强烈的渴望[R]）

调查显示，中国消费者在网上购买衣服等服饰类商品最多，网购食品消费增速最快，常温和生鲜类食品是中国消费者购买多的产品（图 1-2）。电子商务越来越深入到消费者的自然生存状态中。

饥饿的数字王国——常温和生鲜食品是中国数字消费者网购最频繁的品类

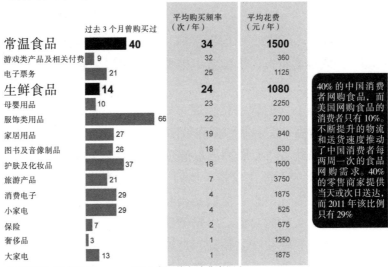

资料来源：麦肯锡 iConsumer2015 中国数字消费者调查

图1-2　中国消费者网购产品种类调查

（资料来源：iConsumer 2015 中国数字消费者调查报告：对选择和变化日益强烈的渴望[R]）

中国农村地区消费者数量庞大，调查显示，60% 的农村数字消费者都在使用电子商务，尽管农村互联网普及率较低，但他们对于数字消费和数字化的生活方式的态度非常活跃（图 1-3）。

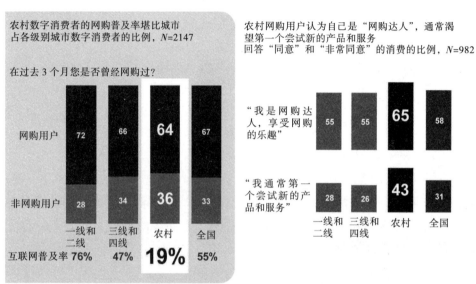

农村的电子商务势力——尽管互联网普及率较低，农村数字消费者和城市数字消费者一样都是活跃的网购用户，这同时也有利于提升就业率

农村数字消费者的网购普及率堪比城市
占各级别城市数字消费者的比例，N=2147

在过去 3 个月您是否曾经网购过？

	一线和二线	三线和四线	农村	全国
网购用户	72	66	64	67
非网购用户	28	34	36	33
互联网普及率	76%	47%	19%	55%

农村网购用户认为自己是"网购达人"，通常渴望第一个尝试新的产品和服务
回答"同意"和"非常同意"的消费的比例，N=982

	一线和二线	三线和四线	农村	全国
"我是网购达人，享受网购的乐趣"	55	55	65	58
"我通常第一个尝试新的产品和服务"	28	26	43	31

资料来源：麦肯锡 iConsumer2015 中国数字消费者调查

图1-3　中国数字消费者地区分布比例调查

（资料来源：iConsumer 2015 中国数字消费者调查报告：对选择和变化日益强烈的渴望[R]）

总之，在 iConsumer 2015 中国数字消费者调查中显示，中国消费者对于社交和移动商务的态度积极，中国数字消费者同中国企业一起，正在构建数字化的生存方式。

数字消费者根据不同的数字化程度可以大致分为五类：数字依赖型、社交生活型、网络消费型、经济制约型和数字淡漠型。

数字依赖型的消费者对互联网的好感度非常高，他们思想活跃，对新鲜事物的好奇心和接受能力都比较强，他们一般都有稳定的工作，收入可观，有足够的能力进行数字化消费，他们是当前数字化消费的主力军，也是数字营销过程中应该重点关注的对象。对这类消费者而言，他们更加关注产品的时尚和潮流，这需要企业在产品设计和口碑的营销上下功夫。为了营造良好的口碑，企业需要将微博、微信等社交媒体作为营销宣传的主要媒体，营销活动需要富有创造性和互动性，让消费者参与其中。

社交生活型的消费者是网络社交媒体的活跃人群。他们大多为年轻人，喜欢用社交媒体来沟通和查看信息，网络行为非常活跃，具有新意，但他们年龄偏低，收入有限。这类群体是数字营销传播的潜在消费者，可以预测，将来会成为忠实的数字消费群体。

网络消费型的消费者社交程度较低，但对于网络的好感度高。他们会在网络上查看新闻或产品信息，但购买率低，对于这类消费者，应该采用线上线下结合的营销方式，向消费者推荐实体店也可以买到的物美价廉的产品。

经济制约型的消费者网络化程度和数字化消费程度都较低，这类消费者适合低价策略，以经济实惠作为基本的信息吸引他们购买。

数字淡漠型的消费者基本上不属于数字营销的目标消费者，他们对于网络社交和数字化消费的好感度都较低，数字营销的投入与产出不成正比。

二、移动消费群兴起

在互联网还不发达的时候，人们通常选择到实体店进行消费；网络电子商务的持续发展又使得网购成为新的购物时尚，人们不需要外出购物，只要在家里就可以进行消费行为。随着技术的飞速发展，移动智能设备进一步普及，移动支付逐步完善，移动网络资费越来越低，更多的消费者选择在移动终端上进行消费。技术的进步又一次改变了人们的消费方式，用户可以选择在任何时间、任何场所即时进行消费行为，极大地方便了因工作繁忙没有时间购物的人。"移动消费"帮助消费者进一步突破了消费的时空范围，移动消费用户群体兴起。❶

传统的购物消费过程，需要消费者亲自到商店试用产品，比较过后，再决定购买商品，传统的购物方式费时费力。网络购物可以让消费者通过阅读网友的评价以及高清的产品图片来了解商品，获取产品信息并线上购买。然而，由于消费者不能亲临现场试用，使得线上购物的体验下降，质量和信用都受到怀疑。二维码的出现成了链接网络商品与现实商品的桥梁。

中国互联网信息中心的调查数据表明，2013年年底移动互联网用户达到了5.0亿，每10个互联网用户中，就有8.1个使用手机上网。二维码的全面普及成为移动运营商进军移动互联网、布局未来O2O电子商务的关键。在iConsumer 2015中国数字消费者调查中，2014年有71%的中国数字消费者已经在使用O2O服务，其中97%的消费者表示他们在未来6个月内仍会继续使用O2O服务甚至增加使用频次。而在还没使用过O2O服务的消费者中，近三分之一的消费者表示他们愿意在未来6个月内进行尝试（图1-4）。在线上电商爆发的同时，O2O时代也即将到来。

---

❶ 吴雯. 新移动媒体时代的消费社会[J]. 新闻研究导刊，2014（16）：50.

O2O：比想象更大——中国消费者正在快速拥抱O2O服务

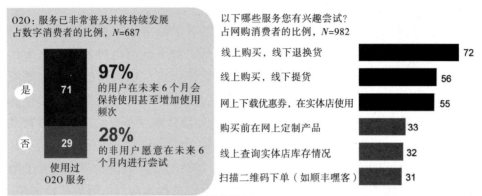

资料来源：麦肯锡 iConsumer2015 中国数字消费者调查

图1-4　中国数字消费者O2O服务使用情况调查

（资料来源：iConsumer 2015 中国数字消费者调查报告：对选择和变化日益强烈的渴望[R]）

　　智能手机打破了获取信息的时空束缚，消费者可以在任何地点观看视频或查看邮件，甚至可以通过扫描真实商品的信息，在网络上搜索，在全世界范围内选择购买。移动消费不仅改变了消费者的消费方式，也拓展了消费的内容，除了传统的消费品以外，出现更多的是虚拟的消费品。这些虚拟消费品主要是移动终端上的 APP 应用，包括娱乐、生活以及工作的几乎全部内容。消费品的种类扩张以及消费方式的变革也重新激发了消费社会，正如鲍德里亚在《消费社会》中描述的，在消费社会中"富裕的人们不再像过去那样受到人的包围，而是受到物的包围"。技术的进步使得商家可以随时推送商品信息，消费者被大量的信息包围，这些信息不断刺激着消费者购物的欲望，消费者也因为移动消费的便捷性，缩短了购物的时间和流程，同样促进了消费的增长。

　　在新媒体时代，移动消费用户的消费具有强烈的个性化色彩。人们用手机来浏览商品、购物的时候，是由个人视角出发来判断市场的。移动消费的个性化体现在：首先，在设备上，手机相较于电脑更加私密且高度定制，用户会根据自己的喜好设定手机铃声以及屏幕画面等。每个用户都有自己固定的使用习惯，不同的用户手机上会下载不同的 APP 来满足用户个人的需求。❶其次，在消费方法上，越来越多的人选择相信网友的评论，通过查看他人的消费体验来感知产品，随时随地查询价格，方便消费者货比三家，消费者的选择更加自主，而不是一味听从商家的说辞。主动的信息搜索，使得消费者

---

❶　恰克•马丁. 决战第三屏[M]. 北京：电子工业出版社，2012：236.

更具有主动权，消费变得更加个体化。最后，消费者在移动端消费的时候，追求更多的不再是商品本身，而是消费的体验，消费成了一种满足个人喜好的、更加有趣的行为。

对于企业来说，移动消费者个性化的消费行为也帮助企业产品获得了更多与消费者直接接触的机会，这是企业新的机遇。营销者可以直接发送广告到消费者的手机上，消费者有接受和拒绝的权利，但他们也愿意与商家直接沟通，来获取免费的信息。未来移动消费者将成为决定营销活动成败的关键因素。所以，想要抓住移动消费者，企业需要将原先的大众传播向个性化传播转变，创造与消费者之间更加亲密的关系，赢得消费者的信任，迎合其购买的特性。企业须制定与消费者一对一的个性化营销方式，让消费者获得良好的购物体验，赢得口碑并鼓励消费者对商品和服务进行评价，让消费者成为新的移动平台，成为企业最强大的宣传动力。此时，数字营销已经面临着不进则退，深入探索和创新的新阶段。

第二节　数字营销概述

一、数字营销的概念

数字营销，作为一种全新的营销理念，其产生可以追溯到 1980 年代中期，经济全球化使得企业面对的市场环境由区域性转向全球性，商品贸易活动、资金流动等都向全球化的方向发展，此时仅仅依靠传统的营销方式已经不能满足市场的需求。经济的发展带动了技术发展，互联网技术的突飞猛进为实现经济全球化提供了现实可能性，也为传统营销带来了新的变革和发展。[1] 数字技术推动了虚拟经济的形成，而数字营销也越来越成为主要的营销手段，在互联网空间中进行营销，利用计算机信息处理系统来分析市场环境，进行信息检索、物流管理以及处理各种营销中的决策。

数字营销是一种基于数字化技术的营销方式。数字化最初是指通信和信息网络运用的数据符号，即以 0 和 1 组合的比特数据，通过计算机自动的符号处理，把文字、图像、声音等进行信息交流的概括。尼葛洛庞帝提出了数字化的定义："数字化即'物质原子'被'数字化比特'代替"。数字化只是一种手段，营销才是本质，营销是企业根据市场环境状况和自身条件，通过各种手段和方法，引导商品或服务由生产者有效地转移至消费者手中，并使消费者需求得以满足和企业获得利润的过程。

---

[1]　王霆，卢爽.数字化营销[M].北京：中国纺织出版社，2003：508.

在《数字化营销》一书中，中国学者王霆和卢爽对数字化营销（Digital-Marketing）下了定义，它是指以计算机信息网络技术为基础，通过现代电子手段和通信网络技术（主要是 Internet），有效地调动企业资源开展市场营销活动，以实现企业产品和服务有效销售的一系列的企业活动过程。数字化营销的实质就是利用互联网技术进行的市场营销，它着眼于物流、资金流和信息流的有效协调与统一，从而达到让顾客满意和使企业获利的目的。

随着互联网用户的激增和数据爆炸，数字营销在大数据的时代背景下又有了新的发展，数字营销通常是指基于明确的数据库对象，使用数字化多媒体传播渠道比如短信、邮件、网络平台等来推广产品和服务的实践活动，实现营销精准化、营销效果可量化、数据化的一种高层次营销活动。从广义上讲它不仅包含了互联网的沟通渠道，还包括手机通信及户外数字广告等。大数据时代下数字营销更侧重于挖掘消费者背后的海量数据，理解用户需求，以提供个性化与跨平台的营销解决方案。

从数字营销的内涵来看，主要包括：网上数据集成、网络广告与宣传、电子商务与结算等。传统的营销过程包括：从市场收集与分析信息、产品开发与研制、原材料查询与采购、产品生产与储运、市场开发与推广、产品销售与结算至销售服务与反馈等整个全过程。数字营销具有更高效，全球化，高收益、低成本的特点。首先，数字营销提供全天候服务和更加快捷的全球性贸易，为企业发展创造了更广阔的市场环境；其次，数字营销利用庞大的数据库，为企业提供最新的市场动态，分析市场环境走向，帮助企业完成经营决策；第三，在线交易和结算有助于加快企业资金流转和提高资金利用率；最后，电子商务大大降低了原有的销售成本，网络发布产品信息广告，高效促成了交易的完成。

目前来看，数字营销主要是基于用户数据，利用基于互联网技术、移动通信网络以及在线支付进行的网络媒体，移动终端进行的营销。

二、数字营销的特征

数字营销具有多媒体性、个性化、互动性、精准性、开放性、去中心性和全球化以及内容上的海量性、多元性等众多营销新特性。❶

首先，数字营销是虚拟的营销。当消费者在网络上进行沟通、下载甚至购物的时候，虚拟生存就出现了。数字化生存方式使得消费者在虚拟与现实的世界穿梭，他们通过浏览陌生网友对于产品的评价来判断产品优劣以及商家的信用程度，而数字营销就是在虚拟空间中向消费者推荐产品，企业需要摒弃传统的营销思维，用网络思维进行思考，使营销活动更适合于线上购物，

---

❶ 姚曦，秦雪冰.技术与生存：数字营销的本质[J].新闻大学，2013（6）：58-63.

在虚拟空间中使消费者产生好感，而实现现实世界的购买行为。

面对于具有个性的虚拟消费者，数字营销更加具有针对性。利用大数据挖掘、分析等技术，通过提炼后形成数据分析报告，基于用户行为、爱好和消费习惯，对消费者进行精准的个性化营销。精准化的营销使得消费者更愿意主动贴近产品和服务。

其次，数字营销更注重用户体验。线上购物使得消费者在购买产品时，不能够亲自体验到真实的产品，消费者不能通过亲身体验来了解产品。所以，数字营销需要用尽一切方法，满足消费者的虚拟体验，让消费者在虚拟的空间，通过商家的营销策略和其他用户的评价，产生自己的用户体验，从而相信购买该产品能够满足消费者个性化的需求。为了满足用户体验，数字营销更加具有互动性，着重进行与消费者之间的交流与互动。基于互联网本身平台的互动性和开放性，企业可以通过让消费者选择款式，查看评价，与客服随时对话的方式，让消费者参与其中，并且最大限度地满足消费者的特殊要求，提供比实体销售更便捷的服务，使消费者在购物的过程中产生更多乐趣。

数字营销使营销策划与创意一体化。在传统的营销方式里，营销与策划、创意是分离的，创意经常专注于艺术性而脱离营销，这使得创意没有达到为营销服务的目的。数字营销的互动性、精准性以及多渠道营销的特性将营销与策划、创意再次融合，协同并进。利用一切可利用的数据资源，在营销过程中以艺术的方式突出产品特性，夺取消费者的注意，为目标消费者定制个性化的营销策划方案。

第三节 营销策划概述

一、营销策划的概念

关于营销策划的定义是由两个基本词组成的，一是"营销"，二是"策划"。通过探讨两个基本词的含义，可以窥视"营销策划"的缘起和定义。

按照现代营销理论，营销主要指"个人或集体，通过创造，提供出售，并同他人交换产品和价值，以获得所需所欲之物的一种社会和管理过程"。[1]营销的出现是为了创造可用于交换的产品或价值，通过交换，个人或集体的需要就可以分别得到满足。

通常来说，交换的过程中，买卖双方总有一方是处于竞争状态的。如果买者争取与卖者进行交换，那么买方就处于竞争状态，此时的市场就是卖方

---

[1] 菲利普·科特勒著.营销管理[M].新千年版.梅汝和等译.北京：中国人民大学出版社，2014：10.

掌控的，称之为"卖方市场"。在现代营销中，绝大多数情况都是卖者作为营销者来进行营销活动的，所以卖者通常在营销活动中是处于竞争且承担风险的一方。

关于策划，最早这一词出现在《后汉书·隗嚣传》中"是以功名终申，策画而复得"之句。其中，"画"与"划"相通互代，"策画"即"策划"，意思是计划、打算。❶ 在古代社会，策划主要运用于政治和军事领域，而到了现代工业社会，在市场经济的推动下，企业竞争加剧，随着信息传播技术水平的提高，策划从政治领域进入到商业领域而且硕果累累。策划的定义有很多种，例如：

张利庠先生提出了"企业策划"的概念，他认为："由于各国民族文化、语言文化、管理咨询的发展阶段及其他条件的不同，对策划、咨询、管理咨询的概念名称也不尽相同。"❷

陈放先生认为："策划侧重于'策'，它是在外部竞争的情况下，为了取得绝对的胜利而出谋划策、运筹帷幄。"❸

吴灿先生认为："策划就是对某件事、某种项目有何计划、打算，用什么计谋，采取何种谋划、计策，然后综合实施运行，使之达到较好的效果。"

江根源在他所著的《广告策划》一书中强调策划是一个过程，将其定义为："策划就是策略、谋划，是为达到一定目标，在调查、分析有关材料的基础上，遵循一定的程序，对未来某项工作或事件事先进行系统、全面的构思、谋划，制订和选择合理可行的执行方案，并根据目标要求和环境变化对方案进行修改、调整的一种创造性的社会活动过程。"❹

《广告策划学》一书中，吴粲和李林强调了策划是在实际运行中的操作手段，他们认为："对某件事、某种项目、某种活动进行酝酿、统筹、实施，运用新闻、广告、营销、公关、谋略等手段，综合实施运行，使之达到较好的效果的过程，称为策划。"❺

《哈佛企业管理》丛书中对策划作了这样的解释："策划是一种程序，在本质上是一种运用脑力的理性行为。基本上所有的策划都是关于未来的事物的，也就是说，策划是针对未来要发生的事情作当前的决策。换言之，策划是找出事物的因果关系，衡量未来可采取的措施，作为目前决策之依据。即策划是事先决定做什么，何时做，谁来做。策划如同一座桥，它连接着我们目前之地和我们未来要经过之处。"

❶ 杨明刚.营销策划创意与案例解读[M].上海：上海人民出版社，2008：472.
❷ 张利庠.构建企业策划的新型理论体系[J].企业研究，2004（2）：42-47.
❸ 陈放，谢弓.营销策划学[M].北京：时事出版社，2001：20.
❹ 江根源.广告策划[M].杭州：浙江大学出版社，2007：216.
❺ 吴粲，李林.广告策划学[M].北京：中国人民大学出版社，2007.

结合以上定义，我们将策划定义为：在调查、分析各类现有资源和潜在资源的基础上，遵循一定的秩序，运用科学的思维判断事物变化的趋势，确定可能实现的目标和结果，再对整体活动进行系统、科学的构思与谋划设计，以期达到最佳效果的一种复杂的思维过程。

具体来说，一个完整的策划包含了判断和决策两大步骤，这其中又分战略策划和战术策划两大类，战略策划是从长远的角度，总体上使其处于不败之地，并且还能创造出新的发展趋势；战术策划是为了实施上述战略而采取的一系列具体有效的行动方案，战术策划具有很强的可操作性，通过战术与战略策划的有效组合，实现营销的目标。策划是一个复杂的思维活动过程，是富有创意的感性思维与科学严谨的理性思维的综合运用。

综合上述"营销"与"策划"的定义，我们可以得出营销策划源于传统策划但不同于传统策划，营销策划是具有现代营销意识，专注于特定营销活动的行为，是富有创意的智慧行为。由此，我们可以给营销策划下定义：营销策划，就是企业通过有效地配置和运用内外的资源，激发创意，对营销活动作出事前分析和计划，选定可行的营销方案，预计达成预定的目标或解决某一问题的过程。

具体来说，营销策划实质上是一种具有创造性思维和设计思想的科学。营销策划的基本活动是分析和计划，这是营销策划的本质内核。营销策划的分析必须建立在科学的基础上，需要按照营销学原理和营销管理的原理进行，从现代经济、管理的角度进行策划，站在企业的角度，对市场、竞争者、顾客的情况进行详细的搜集和分析。其次，营销策划想要达到预期的效果，就需要在竞争中显示出其独特性。在产品高度同质化的今天，只有差异化营销才能帮助企业脱颖而出。同时，营销策划具有计划的含义，在现代营销的理念中，凡是需要计划的事，都需要策划，即是需要经过细致、严谨的规划来制订"特定的计划"。企业通过程序化、理智化和高效的营销策划，确保其整体营销活动设计和构想的实行。

二、营销策划原理

营销策划的原理是指营销策划活动中具有指导意义的科学知识以及依照经验总结形成的有规律的活动行为。营销策划原理依据的是整合原理、人本原理、差异性原理、效益原理、信息原理、创新性原理、借势原理和可行性原理。营销策划原理应该具有系统性、客观性和稳定性，能够成为营销策划活动的参考标准。

整合原理是指，营销策划是一个系统，策划对象各要素之间不是分离的，在策划中需要将各要素整合统筹起来，用集合性、层次性和相关性的观点处理各要素之间的关系。对策划对象进行优化组合，包括同类、异类组合、主副组合等，在进行优化的过程中，会自然地将营销方式、企业资源以及各类产品功能组合到一起，形成具有独特性的策划思路，最后形成完整的有系统性的营销策划方案，各要素呈现的效果与整体效果相统一，形成具有创新性的整体。

人本原理是指营销策划以人为本，通过发掘策划人以及消费者的积极性和创造性作为营销策划创新的动力。人本原理要求营销策划在激发企业员工和策划团队的创造性的同时激发消费者的积极性，以消费者为中心，一切营销活动都需要围绕消费者的心理真实需求来进行，关注消费者也就是关注市场，满足了消费者的真实需求，策划才能够取得应有的市场效果。制定能够令目标消费者满意的营销策划内容，将营销活动行为与消费者的利益及喜好联系在一起，在消费者心中树立企业形象，培养忠实的顾客群体。

差异性原理是指，在不同情况下、不同环境中面对不同的主体，营销策划没有固定的样板。在不同情况下，即使是同一类产品的营销策划方案也应该是截然不同的，照搬过去现成的创意是非常不现实的行为，对于产品的营销和企业形象的建构没有任何优势。检验营销策划方案是否成功的准则是实践，只有保持创新性，形成与竞争对手不同的策划方案，才能在众多同类产品中脱颖而出，营造出产品特色，塑造企业形象，体现出企业的理念以及价值倾向，企业才能够在消费者心中占有一席之地。

效益原理是指，在营销策划活动中，控制成本的前提下，追求企业的经济和社会的双重效益。营销策划活动成功的直接表现是经济效益的提升，而最终决定企业成败的则是社会效益，企业之所以要进行营销策划就是要在提升经济效益的同时提高社会效益，树立良好的口碑，也赚取更多的利润。

信息原理是指，营销策划是在掌握大量有效信息的基础上进行的。信息是营销策划成功的基础要素，信息缺失很容易导致策划的盲目性和误导性。占有大量的市场信息，能够在营销策划的过程中保持敏锐，即时根据市场状况调整方案。营销策划所要收集的信息必须是准确、及时且有用的信息。信息源要清晰、详尽，建立更多的信息传播渠道，缩短信息传播的时空距离，保持信息传递的交互性，提高信息利用的效率。

创新原理是说，在营销策划的过程中，使营销策划脱颖而出的关键因素在于其新颖程度。没有创新的营销策划是没有价值的，它缺乏思想，也缺乏灵魂。创新的关键在于出奇，在众多雷同的产品宣传中独辟蹊径，令消费者眼前一亮。营销策划中的创新还要求策划人创意性地开展自己的工作，习惯于在日常生活中寻找新意，用自己独特的创意来引起消费者的共鸣。

创新的方法很多，包括概念创新、内容创新、手段创新、行为创新、传播创新、口号创新、标题创新等，然而只有不断突破既有观念，才能够产生新的创意。

借势原理即借用他人的优势为自己所用。借势包括三种：借大势、借优势和借形势。借大势就是遵循市场发展的规律，掌握大势方向，能够在营销策划时保有主动权；借优势就是除了掌握本企业的优势之外，还要掌握竞争对手的优势；借形势就是遵循事物发展的规律，关注变化动态，随机应变，借助当前的形势决定策划方针。

可行性原理是说，营销策划的程序是否具有实战性，能不能最终在实际当中应用实施。这一原理是所有营销策划活动的终极要求，只有方案可行，营销策划才有意义，创意才有发挥的地方，消费者或客户才会接受该产品。在营销策划的最初阶段可以大胆设想，头脑风暴，但最终形成策划方案的时候，一定是在调查研究的基础上，经过多方求证而形成的方案。

三、营销策划要素

1. 营销策划的特点

营销策划不同于普通策划，是由于营销策划具有以下特点：

营销策划是具有创新思维的科学。营销策划要求准确定位、掌控局势、把握主观与客观，辩证地、客观地、发散地、动态地运用各种显性和隐性资源，在生产经营的投入、产出过程中形成最大的经济效益。所以，营销策划实质上是一种经营哲学、是市场营销的方法论，它具有新颖、灵活和艺术的特性。它主要包括四方面的内容：创新思维路线的选择，企业经营理念的设计，资源的整合以及营销操作过程的监督和管理。

营销策划是一门设计的科学。营销策划将企业在营销活动中可运用的资源进行重新排列整合，设计构造出一个新的营销系统工程。营销策划在企业营销目标的要求下来设计营销活动和营销项目。在营销系统工程的设计中，经营理念的构造始终处于核心地位，营销的经营理念是统率、指导和规范其他市场营销系统工程设计的核心力量，它渗透于整个市场营销策划的全过程中。营销经营理念是营销策划活动的精髓，是营销策划科学性、创造性的集中体现，是营销策划活动的灵魂。

营销策划是一门监督的科学。策划就是对企业营销过程实施监督管理，帮助企业实现营销目标。营销策划不仅帮助企业盈利赚钱，更重要的是规划企业未来的发展，如何开拓市场，在激烈的市场竞争中保持其独创性，在创新思维的基础上，制订市场营销的策划活动，为企业提供切实可行的营销策划方案。

2. 营销策划的分类

营销策划有各种不同的分类，在大的方面，营销策划活动大致可以分成两部分：市场环境分析部分和营销活动设定部分。市场环境分析是营销策划的基础，营销活动设计是具体的行动方案，二者相辅相成，协同发展。

从另一个角度来看，营销策划也可以依照策划分类的方法，分为战略层次的营销策划和战术层次的营销策划。前者为企业的营销活动制订了一个整体的计划，后续的营销活动都要依照整体计划来施行。战术层面的营销策划就是具体的营销活动安排，与战略策划相比，战术策划更加局部、具体，涉及的细节也更多。并且在具体实施过程中，战术策划可以按照事情发展的状况进行随时的更改，而战略策划的更改则比较困难。

上述两种大致的分类都是按照整体与局部的分类方法进行的。具体来看，营销策划还可以根据不同的标准进行分类：

（1）按照策划的长远程度，可以分为：过程策划，即对企业营销的全过程进行策划，这种策划属于中长期的策划；阶段策划，即对企业营销的某个阶段进行策划，属于短期策划；随机策划，即在企业营销的某一时刻进行策划，属于超短期策划。营销策划作用时间的长短取决于产品的市场生命周期和营销策划目标以及营销策划的类型等。一般来说，季节性的产品、快消品等流行时尚商品的营销策划时限较短；档次较高、耐用品以及技术性较强的商品营销策划的时限较长。

战略层次的营销策划一般作用时间为 3~5 年或 5~10 年，而较短的战术型的营销策划，例如随机性的策划一般为 3~6 个月。

（2）按照策划的种类，包括：企业形象系统策划，企业营销定位策划，企业行为规范策划，产品市场推广策划，品牌延伸策略，企业关系营销策划等。❶

四、营销策划程序

营销策划的操作程序可大致分为四个阶段：调查分析阶段、决策计划阶段、执行事实阶段和评价总结阶段。❷

1. 调查分析阶段

主要是对市场进行调查与分析研究。

市场调查的内容包括：市场形势，企业产品的历史、现状、特点及营销状况，消费者的需求、动机及购买能力，市场的社会经济环境，竞争形势，分销情况，以及市场整体的宏观环境。通过对市场调查的资料进行分析，充分掌握市场环境和企业、产品的情况，为后续企业营销和广告决策提供依据。

分析研究是指在调查资料的基础上运用恰当的分析工具对市场、竞争对手和行业动态作出较为客观的分析。通常采用的分析方法为 SWOT 分析，即优势、劣势、机会与威胁分析。

优势与劣势分析（SW）：从产品整个价值链的每个环节上，将企业与竞争对手作详细的对比，找出企业的优势项和劣势项，尽可能发挥优势，弱化

---

❶ 叶元春. 营销策划[M]. 北京：清华大学出版社，2005.
❷ 蒋旭峰，杜骏飞. 广告策划与创意[M]. 北京：中国人民大学出版社，2011：280.

不足。

机会与威胁分析（OT）：找出产品在市场中可能会受到的冲击，寻找市场中发挥产品优势的机会。

整体分析：通过对 SW 和 OT 的分析，将企业内部环境和外部环境的分析相结合，综合考虑整个市场的全盘状况。

2. 决策计划阶段

这一阶段主要对策划活动的整体过程以及具体环节进行计划决策。在调查分析的基础上，制订营销战略，确定营销战术，产生策划创意。

（1）营销战略主要包括：STP；Brand；CI 和 CS 策划。

STP：即市场细分（Segmenting）、目标市场（Targeting）和价值定位（Positioning），上述三者在现代营销中是构成公司营销战略的核心三要素。

Brand：即品牌建设。主要包括品牌架构、品牌定位、品牌个性等。关于品牌的营销策划可以分为：品牌行销策划、品牌传播策划、综合创意策划等内容。

CI：即企业标志（corporate identity）。企业标志承载着企业的无形资产，是企业 CIS 战略的主要部分，其本质是一种塑造企业形象为目标的组织传播行为。CI 策划，主要包括理念识别（MI）、行为识别（BI）和视觉识别（VI）。

CS：顾客满意（customer satisfaction）的缩写形式。它是指一件产品的绩效（Perceived Performance）满足顾客期望（Expectations）的程度。CS 策划，就是满足顾客的需求，提高销售业绩，促进企业发展壮大。

（2）营销战术是为实现企业营销战略而策划实行的措施和方法。营销的战术主要包括：营销组合策划和营销项目策划。

营销组合是对营销要素的整合策划。营销组合要素包括：

4P：产品（product）、价格（price）、渠道（place）、促销（promotion）。

4C：顾客（consumer）、成本（cost）、方便（convenience）、沟通（communication）。

营销项目策划包括：市场调研策划、产品定位策划、公关策划、推广策划、价格策划、分销策划、促销策划、广告策划以及企业规范措施策划等。

策划创意就是在策划中提出的具有创新性的想法或建议。创意是策划成功的关键要素，每个阶段中创意的好坏决定了最终策划的优劣。

3. 执行事实阶段

这一阶段主要包括：选择方案；撰写策划书。

（1）选择方案是在策划的众多创意中，评估各方案的优劣，并从中选择最优且最可行的方案。

（2）撰写策划书是在完成创意与方案的评选后，将创意与形成的方案编写成文字。营销策划书就是对营销行动方案做出的计划性文件，是营销策划活动的最终成果。需要包括前述的所有内容、环境介绍、调查分析、目标、战略、战术以及行动方案。

此外，营销策划书有一定的格式，营销策划书中不可缺少的项目是：①方案名称；②单位人员；③策划目标；④策划内容；⑤成本预算；⑥参考资料；⑦注意事项等。

4. 评价总结阶段

评价总结阶段是营销策划后期调整作业阶段，主要包括：方案调整以及反馈控制。

方案调整是在营销策划方案成形后，需要经过企业各部门征求意见，根据策划的要求，分配企业的人、财、物等营销资源。通过对方案的细节进行调整，预测营销方案实施的过程和进度。

反馈控制是在方案辅助实施后，经过第三方或委托方组织的实施人员进行评估鉴定。设定具体的评估指标，对营销策划的实施情况、营销效果等各个方面进行综合评价。

第四节　营销策划与创意

一、营销策划中的创意

1. 创意的内涵

关于创意的含义有很多种说法：

广告大师奥格威认为"好的点子"即创意；

创意大师黄霑说："创意就是旧元素的重新排列和组合"。

拥有台湾的"广告教父"、"广告顽童"、"广告才子"诸多美誉的孙大伟先生说：创意的本质，就是改变；威力更大的，就是颠覆。

詹姆斯·韦伯·扬在《产生创意的方法》一书中对创意的解释得到普遍认同，他认为：创意是一种组合商品、消费者以及人性的种种事项。他认为真正的策划创意，眼光应放在人性方面，从商品、消费者及人性的组合去拓展思路。

在不同的情境中，创意具有不同的含义，在营销策划活动中，创意是在市场分析、营销目标和策划战略的基础上，策划者在经济、文化活动中产生的思想、点子、主意等创造性的思维成果，是营销策划中创造新形象、新事物的思维方式和行为。

营销策划中的创意与艺术中的创意不同，营销策划的创意是营销策略的表达，它的目的是将营销进行得更加高效，营销策划的创意更多地表现为一种思维上的活动而不是绚丽的艺术作品，营销策划的创意必须以消费者为中心，根据市场调查的资料，分析产品信息和消费者喜好，在众多同质化商品中脱颖而出，打破常规，时刻适应变化的市场。

好的营销创意会引发消费者产生 AIDMA 的行为模式。AIDMA 是消费者行为学领域很成熟的理论模型之一，由美国广告学家 E·S·刘易斯在 1898 年提出。该理论认为，消费者从接触到信息到最后达成购买，会依次经历这五个阶段：

A：Attention（引起注意）；

I：Interest（引起兴趣）；

D：Desire（唤起欲望）；

M：Memory（留下记忆）；

A：Action（购买行动）。

2. 创意的特征

积极求异。创意的思维是求异的思维，求异性在整个创意形成的过程当中，表现为在参照模式的反面，对司空见惯的现象持怀疑、分析和批评的态度。营销策划活动只有不断求异，才能引起消费者的关注。

开放性。创新思维强调开放，吸收相关事务的信息来丰富自身。营销策划创新更需要了解市场信息、行业动态，在实际的营销过程中吸取灵感，激发创意，产生全新的思维结果。

敏锐的洞察。洞察思维是善于在平常的现象中提出问题，以批判的眼光看待复杂多变的事务，并据此提出解决问题的新方法。洞察力是创意的基础，成功的营销就是要在同质化的产品销售中洞察到新的营销路径。

想象丰富。创意思维是一个想象的过程，丰富的想象力是发展和连接现实生活的桥梁，在营销策划中充分发挥想象，满足消费者潜在的梦想，给消费者营造出美梦成真的体验。

及时性。创新思维强调根据事态的发展进程，对策划方案进行及时调整，适应瞬息万变的营销市场环境，保鲜创意的生命力。❶

3. 创意的表现形式

创意是营销策划的灵魂，营销策划的实施过程就是企业与公众相互沟通交流的过程，创意影响公众的印象和态度。消费者对企业的印象最直观的作用就是创意的好坏，创意是消费者对企业的初步认识，当企业形象与公众印象存在差别的时候，好的创意能够通过视觉识别系统、理念识别系统和行为识别系统的统一，使企业的实态形象得到准确的传达，塑造好的企业形象，帮助消费者认识并持续关注企业动态，形成对企业良好的印象，最终影响公众对企业和产品的态度，造成消费者对品牌的偏爱。

---

❶ 蒋旭峰，杜骏飞. 广告策划与创意[M]. 北京：中国人民大学出版社，2011：280.

创意在营销策划中的基本表现形式有以下几种：

理论思维。理论思维是指理性的、系统化的思维方式。企业营销策划的全过程都要求创意需要建立在理性思维的基础上，有系统地对策划对象进行营销创意过程。

发散思维与聚合思维。发散思维又叫扩散思维、开放思维、立体思维。创意需要运用丰富的想象力，最大限度地凸显产品的优势。聚合思维又叫收敛思维、集中思维。营销策划创意中，发散思维是创意的开始，聚合思维是创意的结果，最终所有的创意，思想都要汇集到某一个点上，以这一点定位产品，进行营销策划。创意就是在一收一放中层层深入，又脱颖而出。

顺向思维与逆向思维。顺向思维是人们以常规方式进行的思考方法，顺向思维在处理日常事务时有积极意义，但是对于创意而言容易形成思维定势。逆向思维是反常规、反传统的思考方法，不按照原来的逻辑，作出与原发展状态截然相反的判断，开拓新的思路。

纵向思维和横向思维。纵向思维是垂直型的思维方式，根据事物发展的顺序来进行深入的分析和研究，遵循的是事物本身的逻辑顺序，能够帮助创意在策划初期理清逻辑。横向思维是水平型的思维方式，一般需要与相关联的其他事物对比分析，寻找创意的突破口，寻找新的视角。在营销策划创意中，横向思维可以激发灵感，产生新意，纵向思维则使创意构想更加深入，两者结合才能相得益彰。

形象思维与抽象思维。形象思维是创意者对现实生活中的事物进行选择、分析、综合然后进行艺术塑造的思维方式，具有生动性、具体性和艺术性的特点。在营销策划中，对企业形象的塑造和产品品牌的建构都需要形象的创意思维。抽象思维是利用非具体的、抽象的观念揭示事物本质，抽象思维将具体事物抽象化，容易突破现有事物的束缚，从创意的角度思考营销策划，能够令企业打破常规。

4.创意的作用

创意能提升产品与消费者的沟通质量。消费者的注意力决定了传播效果，创意通过引人注目的广告宣传，引起消费者的注意力，激发消费者的情感和兴趣，争取消费者对产品的好感。

创意能降低传播成本。广告越博得眼球，其到达率越高，就更容易被消费者记住。

创意有助于品牌增值。同质化产品的增多使品牌的重要性更加显著，产品是具体的实物，而品牌代表着产品在消费者心目中的价值，是消费者的态度和情感价值的体现。好的创意能够促进消费者对于品牌的偏爱，在消费群体中产生品牌影响力。

创意能够帮助企业树立形象。企业形象的建立需要通过创意表现来进行，好的创意能够帮助企业树立富有特色、有魅力的形象。

创意能够使营销互动，夺人眼球。夺人眼球是创意所产生的效果，创意凭借其艺术性让营销活动受到消费者的关注，达到引人注目的效果，创意就成功了。

二、营销策划与创意的关系

在1980年代中期，国内建立现代广告运作观念的时候，广告学界就提出了"以调查为先导，策划为基础，创意为灵魂"的说法，所以直至现在，依然有很多人认为广告策划是广告创意的灵魂。当然，可以明确的是，营销策划与创意是紧密相关的。

从时间的先后来看，营销活动中，策划在先，创意在后。策划是营销的本质，现代营销都需要策划才能在激烈的市场竞争中占取先机。从形式上来看，策划是内在的，创意是外在的，策划决定营销目标、目标消费者和活动流程，而创意决定怎样表现策划，构建企业形象和产品品牌。营销策划决定企业未来的发展规划、方向、目标和内容，而创意则以各种方式吸引和打动消费者。

1. 策划是对创意的指引与规范

策划是创意进行的前提。策划必须正确才能引导创意沿着正确的方向前进，创意是发散的，策划是创意的中心。创意需要在营销目标的指引下，在分析市场形势，产品现状、特点及营销状况，消费者需求，竞争形势之后对消费者作出利益的承诺。创意必须符合营销对象和企业的特点，好的营销策划能够帮助品牌持久且越来越有价值，如果创意偏离了策划内容，那么再好的创意对于企业和品牌的发展都是无益的。

在营销策划的指引和规范下，创意需要与目标消费者的生活环境、语言语境和消费习惯相吻合。针对目标消费者的需求，分析目标消费者的心理特性、社会特性和行为特性，创造出能与消费者进行沟通和产生共鸣的创意。创意需要符合媒体传播特性。不同的媒体表现创意的方式不同，要根据营销策划所需要的媒体，分析媒体特点，利用媒体优势，进行创意表现。创意还需要考虑不同的媒体定位，根据营销策划的定位特性，在主题一致、总体风格相同的媒体上发挥创意。

2. 创意是对策划的创造性转换

创意的目标是将策划中的"说什么"转换为"怎么说"。这种转换不简单是表达方式的转换，更多的是思维的转换，将策划内容中的力量在创意中爆发。创意不是对策划内容的简单图解，而是一种创造性的发挥，将策划的内容转化为消费者强大的购买力和关注度，使营销策划效果更强。

创意是策划活动成功的关键，创意的成果是消费者直接关注的东西，创意展示的是消费者眼中的产品形象，消费者最初也是通过创意作品去认识和评价一个品牌。准确的营销策划是基础，是为创意作准备和铺垫的，即使策划再完美，没有优秀的创意来体现，其传播效果和营销效果也会大打折扣。创意的优劣直接影响到营销活动的效果，在当今信息极度丰富的时代，消费者面对众多的广告宣传大多数情况下选择视而不见，当今市场经济是"注意力经济"，只有吸引到消费者的注意力，才有可能获得盈利。在众多吸引注意力的广告中，有好的创意和糟糕的创意，好的创意会提升消费者对于品牌的好感度，增强对企业的认识，帮助企业提升价值；而糟糕的创意虽然可以吸引消费者的注意力，但长远来看，它引发的是消费者对于品牌的反感，未来会对企业的进一步发展形成阻碍。

被誉为美国馆广告首席创意指导的乔治·路易斯，是那种对创意狂热到偏执的人，他认为：一个伟大的创意就是一个好广告所要传达的东西；一个伟大的创意能改变大众文化；一个伟大的创意能改变我们的语言；一个伟大的创意能开创一项事业或挽救一家企业；一个伟大的创意能彻底改变世界。

◇ **小结**

本章主要对数字营销、营销策划及创意的相关概念作了梳理。从人类的生存方式与数字营销的关系，追溯了数字营销兴起的渊源。数字营销是由消费者选择的新时代营销方式。数字营销来源于传统营销，而营销必然离不开策划与创意，本章对传统营销策划与创意进行概念阐释、原理分析，并简要探讨了策划与创意的关系，为后文数字营销策划创意的具体展开作理论铺垫。

第二章　数字营销的三个阶段

↘ 第一节　Web技术演进与数字营销分期

一、Web1.0时代的技术特征

1990年代万维网成立，至今，它走过了一条从Web1.0到Web2.0，再到Web3.0的道路。Web是World Wide Web的省略语。World Wide Web，简称WWW，中文称为"万维网"，其特点是将分布存在的信息片断无缝地组织成为站点，其中，图像、文本、音频、视频成分可以分散存储于相距甚远的计算机上。它是1990年由英国人Tim Berners- Lee在欧洲共同体的一个大型科研机构任职时发明的，此时，世界上有了第一台Web服务器和Web客户机。1993年，伊利诺伊大学学生安德里森在美国国家超级计算机应用中心实习时开发出图形界面浏览器Mosai，让人们可以用空前方便的方法访问万维网信息资源。自此，万维网在世界范围内不胫而走，被称为"网中之网"。万维网是因特网应用取得爆炸性突破的关键性条件，通过万维网，互联网上的资源，可以在一个网页里比较直观地表示出来，而且资源之间，在网页上可以相互链接。这种利用互联网络实现了人类海量资源共享的技术，就叫"Web1.0"[1]。

"Web1.0"的本质是聚合、联合、搜索，其聚合的对象是巨量、芜杂的网络信息。"Web1.0"的聚合对象，就是业界所说的微内容（microcontent）。微内容，亦称私内容，是相对于我们在传统媒介中所熟悉的大制作、重要内容（macrocontent）而言的。学者Cmswiki对微内容的最新定义是这样的："最小的独立的内容数据，如一个简单的链接，一篇网志，一张图片，一个音频、视频，一个关于作者、标题的元数据，E-mail的主题，RSS的内容列表等。"也就是说，互联网用户所生产的任何数据，都可以被称为微内容。比如博客中的一篇网志，亚马逊中的一则读者评价，Wiki中的一个条目的修改，Flickr中的一张照片Del.icio.us中的每一个收藏的网址；小到一句话，大到几百字，音频文件、视频文件，甚至过客用户的每一次支持或反对的点击，都是微内容。这些零星、散乱的数据聚沙成塔，

---

[1]　刘畅."网人合一"：从Web1.0到Web3.0之路[J].河南社会科学，2008（3）.

就成为网络神奇力量的真正来源。可见，在互联网问世之初，其核心竞争力就在于对于"微内容"的有效聚合与使用。❶恰如喻国明先生所说，让这些私内容真正进入公共话语空间的，是互联网所具有的互联互通、海量存储和相关链接等，再加上 Google、百度等有效的搜索聚合工具，一下子将这种原本微不足道的离散的价值聚拢起来，形成一种强大的话语力量和丰富的价值表达。在 Web1.0 上作出巨大贡献的公司有 Netscape、Yahoo 和 Google。Netscape 研发出第一个大规模商用的浏览器，Yahoo 的杨致远提出了互联网黄页，而 Google 后来居上，推出了大受欢迎的搜索服务。

二、Web2.0 时代的技术特征

"Web1.0"只解决了人对信息搜索、聚合的需求，而没有解决人与人之间沟通、互动和参与的需求，所以"Web2.0"应运而生。"Web2.0"的本质特征是参与、展示和信息互动，它的出现填补了"Web1.0"在参与、沟通和交流上的匮乏与不足。2004 年 3 月，欧雷利媒体公司（O'Reilly Media Inc.）负责在线出版及研究的副总裁戴尔·多尔蒂（Dale Dougherty）在公司的一次会议上随口将互联网上最近出现的一些新动向用 Web2.0 一词来定义，该公司主席兼 CEO 蒂姆·欧雷利（Tim O'Reilly）立刻被这一说法所吸引，并召集公司相关人员用头脑风暴的方式进行探讨。在欧雷利媒体公司的极力推动下，全球第一次 Web2.0 大会于 2004 年 10 月在美国旧金山召开。从此，"Web2.0"这一概念以不可思议的速度在全球传播开来。目前，关于 Web2.0 的较为经典的定义是 Blogger Don 在他《Web2.0 概念诠释》一文中提出的："Web2.0 是以 Flickr、Craigslist、Linkedin、Tribes、Ryze、Friendster、Del.icio.us、3Things.com 等网站为代表，以 Blog、TAG、SNS、RSS、Wiki 等社会软件的应用为核心，依据六度分隔、xml、ajax 等新理论和技术实现的互联网新一代模式。Web2.0，是相对 Web1.0（2003 年以前的互联网模式）的新的一类互联网应用的统称，是一次从核心内容到外部应用的革命。"

MySpace 和 YouTube 是典型的"游戏 2.0"时代潮流的代表。MySpace 提供单纯的社交空间，全部内容来自用户创造，提供个人博客、群组、照片、录像、音乐等多种互动服务。而 YouTube 则提供一个视频发布平台，上传的内容以用户原创为主，比如家庭录像、个人的 DV 短片等，其宗旨为"允许任何人上传并共享任何视频内容"。它的大部分内容都是由用户自己创作的——点击率最高的很有可能是两个男孩的无伴奏 Hip-Hop 演唱，或者是一个女孩面对摄像头的独白。2005 年 12 月，新上传的周末现场音乐短片《懒惰的星期天》（Lazy Sunday）在 YouTube 上的点击率高达 500 万次。

如果说"Web1.0"主要解决的是人对于信息的需求，那么，"Web2.0"主要

---

❶ 喻国明. 微内容：数字时代的价值源泉[J]. 新闻与传播，2006（10）：21-23.

解决的就是人与人之间沟通、交往、参与、互动的需求。从"Web1.0"到"Web2.0"，需求的层次从信息上升到了人。喻国明先生认为："作为一个新的传播技术，Web2.0以个性化、去中心化和信息自主权为其三个主要特征，给了人们一种极大的自主性。"

2007年1月 ❶，美国《时代》周刊公布了其2006年"年度人物"（Person of the Year），这次不是某一个具体的个人，而是全球数以亿计的互联网使用者（图2-1）。对此，《时代》封面的下方还有一段解释文字："是你，就是你！你把握着信息时代，欢迎进入你自己的世界。"（Yes，you. You control the Information Age. Welcome to your world.）之所以选择亿万网民，《时代》执行总编辑施滕格尔解释说："如果你选择一个个人为年度人物，你必须得给出他是如何影响数百万人生活的理由；但是如果你选择数百万人为年度人物，你就用不着给出理由了。"据悉，当时中国的网民已逾1.6亿，也就是说，2006年，有超过1亿的中国人都获此殊荣。《时代》周刊的"颁奖辞"说："Web2.0是一个大型的社会试验。与所有值得尝试的试验一样，它可能会失败。这个有60亿人参加的试验没有路线图，但2006年使我们有了一些想法。这是一个建立新的国际理解的机遇，不是政治家对政治家，伟人对伟人，而是公民对公民，个人对个人。"

图2-1　美国《时代》周刊2006年"年度人物"You

（资料来源：http://content.time.com/time/covers/0,16641,20061225,00.html?iid=sr-link6）

---

❶　喻国明.关注Web2.0：新传播时代的实践图景[J].新闻与传播，2006（12）：3.

三、Web3.0时代的技术特征

"Web3.0"的本质是深度参与、生命体验以及体现网民参与的价值。目前，这一概念正在酝酿、形成之中。这一概念的出现，力图补充"Web2.0"的不足。从技术角度，同Web1.0、Web2.0一样，Web3.0（及Web x.0）也只是由媒体及营销人员自己造出来的概念词语而已，它从来就没有所谓的定义。在2007年韩国"首尔数字论坛"上，Google的CEO Eric Schmidt就被问及，在Google眼里Web3.0到底会是什么。Eric给出的答案是：Web3.0将是拼凑而成的应用程序。这些应用程序的共同特征是它们都是相对较小、数据以云形式存储（即存储于互联网的真实物理设备上）、运行速度快、可定制性强、病毒式传播（通过社会化网络、电子邮件等），并且可以在任何设备上运行。Eric的这个回答虽然可能并无意这样暗示，但听起来的确有点像是"Google正在打造Web3.0"。联想一下Google的产品你就会发现这一点。业内人士认为，Web3.0跟Web2.0一样，仍然不是技术的创新，而是思想的创新，进而指导技术的发展和应用。Web3.0之后将催生新的虚拟王国，这个王国不再以地域和疆界进行划分，而是以兴趣、语言、主题、职业、专业进行聚集和管理的王国。任何人都有机会打造出一个新的互联网王国，并成为一个国王。据业内人士分析，Web3.0到来的三个可操作性的技术前提：①以博客技术为代表，围绕网民互动及个性体验的互联网应用技术的完善和发展。②虚拟货币的普及和普遍，以及虚拟货币的兑换成为现实。③大家对网络财富的认同，以及网络财务安全的解决方案❶。

而从深度参与、体验角度看，"Web3.0"也被称为"游戏3.0"。2007年，依托于"第二人生"这一平台，"游戏3.0"的概念浮出水面。同年6月，索尼电脑娱乐公司总裁菲尔·哈里森（Phil Harrison）用"游戏3.0"的概念解读了10年来虚拟环境的变迁，他指出："游戏1.0"是在那些各自独立的游戏机上进行的，并没有人与人之间的互动；"游戏2.0"是将游戏终端通过网络联系在一起，但其中的程序和场景都是预先设定好的；而"游戏3.0"则是在网络游戏的基础之上，放手让用户主动参与，深度体验，创造内容，并进行在线互动协作。可见，"游戏3.0"与"游戏2.0"的最大区别在于前者更重视没有设定的"虚拟角色"扮演和深度生命的体验，按照自己的愿望重新设计并实施自己的"第二人生"。他认为，今天的"第二人生"就像是1990年代初的文字网页，在未来，虚拟的三维世界将会成为互联网内容的最大载体❷。

---

❶ Web3.0，Web2.0，Web1.0三者的区别与联系[EB/OL]//世界经理人管家·理论探讨Web3.0讨论http://my.icxo.com/256899/viewspace.

❷ 张述冠.破解"第二人生"的商业密码[J].CIO Weekly，2007（14）.

四、数字营销发展的阶段划分

1994 年 4 月 20 日，中国工程通过美国 Sprint 公司连入 Internet 的 64K 国际专线开通，实现了与 Internet 的全功能连接。从此中国被国际上正式承认为真正拥有全功能 Internet 的国家。我们将 1994 年作为中国数字营销的开端，直到 2004 年，我们称其为数字营销的 Web1.0 时代。从 2004 年开始，随着新一代互联网技术和应用如博客、RSS、百科全书（Wiki）、网摘、社会网络（SNS）、P2P、即时通信（IM）等的应用，互联网用户开始掌握互联网的自主权，直到 2007 年，移动智能手机的出现，我们称这个阶段为数字营销的 Web2.0 时代。从 2007 年至今，伴随着移动互联网的出现，虽然开启了一个全新的时期，但我们依然处于 Web2.0 时代，而没有进入到 Web3.0 时代。在 Web1.0 时代，Web1.0 的网络应用主要有企业网站、电子邮件、搜索引擎、网络广告等。在这个阶段网络主要承担的是商品信息发布及在线销售的功能，其主要特点是用户通过互联网获得信息，网络传播的信息是单向传播，网络营销活动是一种大众营销。该阶段网络技术的应用状况，产生的网络营销方法主要包括搜索引擎营销、网络广告、邮件营销、病毒性营销、会员制营销、网上商店营销、网上拍卖、信息发布等。

在 Web2.0 时代，第二代互联网技术对营销活动的影响主要有以下几个方面：市场力量从卖方转移到了买方；搜索引擎变成了声誉引擎；市场细分和媒体细分；内容是网络的座上宾；网络联结是关键的事情；在线、离线战略的进一步整合；营销投资资金流向了网络；家庭宽带用户高速增长；细致的评价指标；智力资本大行其道；长尾理论。但是在这个阶段，消费者占主导地位还有待时日；数据接收设备整合；传统媒体和社会媒体整合；无线网络开始发展；语义网按需检索信息。

2008 年以后，第三代互联网技术的核心是基于苹果手机的出现，出现实时网络互连，世界开始向扁平化和智能化方向发展，消费者真正成为主人，无线网络全覆盖，数据接收设备整合，传统媒体和社会媒体深度融合。

第二节　Web1.0时代的数字营销
　　　　　（1994~2004年）

一、中国第一个网络广告的产生

数字营销初期的应用主要有企业网站、电子邮件、搜索引擎、网络广告等，但数字营销主要还是体现在网络广告上，网络广告是依附于网络媒体产生的广告形式，网络广告的产生是网络媒体向传统媒体经典盈利模式的回归，也是网络经济产生与发展的支柱和推动力。

1. 美国网络广告溯源

网络广告起源于美国，1990 年 Prodigy 公司开始尝试网络广告[1]。1994 年 4 月 12 日，美国亚利桑那州两位从事移民签证咨询服务的律师劳伦斯·坎特（Laurence Canter）和玛莎·西格尔（Martha Siegel）把一封有关"绿卡抽奖"的广告发送到了 7000 多个新闻组。新闻组是基于 NNTP 协议的完全交互式论坛，网民可以就某一主题深入讨论，具有较强的专业性和公共性；由于早期技术精英对网络媒体的垄断，新闻组往往排斥商业行为和商业信息，劳伦斯·坎特和玛莎·西格尔这次自觉的广告运动触犯了早期技术精英对新闻组的非商业性底线，遭到了网民的抗议，一度曾受到黑客攻击。但这次广告运动却收到了良好的广告宣传效果，在这次广告宣传中，他们仅花费了 20 美元的上网通信费用，却吸引来 25000 个客户，赚了 10 万美元。[2] 这次广告运动效果显著，引起了人们对网络广告的重视，广告主开始将大量的广告信息发布在新闻组上，但这些广告信息往往与新闻组的主题毫不相关，这使得网络广告的声誉一落千丈，网络广告亟须规范化。

1994 年 4 月 15 日，美国著名《连线》（Wired）杂志的网络版 Hotwired 与美国电话电报公司（AT&T）签订了第一份网络广告合同，并于 10 月 14 日在其主页上发布了美国电话电报公司等 14 个广告主的旗帜广告。这是第一种规范的网络广告形式，是广告主、网络媒体与网民接受习惯相互妥协的产物，标志着网络广告的"正式"诞生。[3]《连线》是由路易斯·罗塞托于 1993 年创办的，被誉为"数字时代的预言家和鼓吹手"。Hotwired 是由安德鲁·安克尔（Andrew Anker）创立的，是世界上第一家提供网络信息服务的公司，在国际互联网上率先提出了"页读数"、"网民登记"和"旗帜广告"等三个重要的网络概念。Hotwired 以图文并茂的形式将各种信息分类陈列，丰富了网络内容，吸引了大量的广告投放，这是网络由科研工具转向大众媒体的基础。Hotwired 开创了成功的网络媒体商业模式，网络自此由交流工具转变成为信息平台和广告载体，其示范效应也催生了大批网络媒体出现。继 Hotwired 之后，美国的有线电视网 CNN、《华尔街日报》等传统媒体纷纷设立自己的网站，这些网站在刊登信息的同时，也开展网络广告经营。1995 年，美国网络广告收入达到 5000 万美元。

2. 中国网络广告的诞生及影响

美国网络媒体的投资热潮，促使一批留美学人回国兴办网络媒体以开拓国内市场，也使得中国早期的网络媒体及网络广告经营模式对美国广告运营模式具有很强的模仿印记。

---

[1] 中国网络媒体编委会. 中国网络媒体[M]. 北京：新世界出版社，2001.
[2] 李忠东. 因特网上的第一封垃圾邮件[J]. 科技之友，2004（9）.
[3] 谭旭. 网络广告——现在就是未来[J]. 网络与信息，1997（8）.

1995 年 4 月，留美学人马云成立了杭州海博电脑服务有限公司，这是中国第一家互联网商业公司。1995 年 5 月 9 日，马云创办的"中国黄页"正式上网发布。马云把国内企业信息邮寄给美国 VBN 公司，由美国 VBN 公司设计主页，进行发布；中国黄页的收费标准是一个 homepage，包含 3000 字外加一张照片，收费 2 万元，其中 1.2 万给美国公司。中国黄页是"国内第一家网上中文商业信息站点，同时也是在国内最早形成主页发布的互联网商业模式，为互联网商务应用播下最早的火种。"由于当时中国网站数量较少，网络广告市场缺乏竞争，"中国黄页"取得了良好的宣传效果，同时也在客观上普及了网络营销知识。因此，中国黄页堪称中国网络广告的先锋❶。

1997 年 3 月，Chinabyte 赢得了第一笔广告收入，IBM 为 AS400 的宣传支付了 3000 美元广告费。这是中国网络媒体发展的一个里程碑，标志着网络广告的正式诞生。首先，网络广告的产生打破了网络媒体"烧钱"阶段对风险投资的依赖，网络广告开始成为互联网企业最直接、最有效的赢利模式，为网络媒体的持续生存奠定了基础；其次，网络广告的产生打破了由于传统媒体的高度垄断所带来的较高广告价位，释放了中小广告主的广告需求，扩大了广告市场的范围。

二、Web1.0 时代数字媒体的发展

1. 数字媒体的发展与传统媒体的触网

网站数量的增长，增加了网络广告的刊载空间，为网络广告市场的增长奠定了物质基础，而网络媒体及网络应用市场意识的增强和经营方式的改进则是推动早期网络广告市场发展的重要因素。

1987 年 9 月，北京计算机应用技术研究所建成中国第一个电子邮件节点，并于 9 月 20 日向德国成功发出了一封电子邮件。

1994 年 5 月，国家智能计算机研究开发中心开通曙光 BBS 站，这是中国大陆的第一个 BBS 站。

1994 年 5 月 15 日，中国科学院高能物理研究所设立了中国大陆第一个 Web 服务器，推出中国第一套网页。

1994 年，Yahoo、Lycos 等分类目录型搜索，为网络媒体和网络广告的产生与发展奠定了基础。搜索引擎相继诞生，搜索引擎的广告营销价值逐渐体现出来，众多公司纷纷把自己的网站信息提交到搜索引擎上。电子邮件、BBS 等免费网络应用的发展，吸引了大量高质量的网络广告。

1995 年 1 月，中国第一份中文电子杂志《神州学人》创刊，主要面向海外留学生沟通信息，这是中国第一家数字网络媒体。

1995 年 10 月，《中国贸易报》推出"网络版"，这是中国第一家推出网络版

---

❶ 陶丹，张浩达. 新媒介与网络广告[M]. 北京：科学出版社，2001.

的传统报纸媒体。

1995 年 12 月,《中国日报》开办网站,这是第一家开办网站的全国性日报。

1997 年 1 月 1 日,人民日报主办的人民网接入国际互联网络,这是中国开通的第一家中央重点新闻宣传网站。

1998 年 1 月 1 日,《光明日报》网站也正式开通。

根据中国互联网信息中心统计,截至 1999 年 6 月 15 日,国内有 273 家报纸上网,占 1998 年全国报纸总数 2053 种的 13.2%。❶ 这些网络媒体的成立,既丰富了网络媒体内容,凝聚了大量网民,又使网络媒体凭借着传统媒体的品牌影响力提升了形象,吸引了广告主的广泛关注。

1998 年 7 月,国中网(中华网前身)宣布"98 世界杯网站"获得 200 万元广告收入。❷ 这对刚刚起步的中国广告网络媒体来说,起到了巨大的推动和示范作用,促进了网络媒体不断改进版面设计和广告管理水平。

搜索技术的诞生使搜索引擎成为网络信息整合和推广的主导力量,为了提高网络媒体的易搜索性,网络媒体纷纷优化内容和版面设计。1995 年,基于网页 HTML 代码中 META 标签检索的搜索引擎技术诞生,网站管理员开始采用 META 标签改进网站排名。

1997 年,搜索引擎优化与排名自动检测软件问世,改进了网站搜索引擎优化设计的水平。

1998 年,"搜索引擎算法"开始关注网站之外的链接,与此同时,网站优化者也开始制造"网站链接广度"。搜索引擎的诞生,增加了网络广告的投放空间,也丰富了网络广告的类型。为了提高广告管理水平,网络媒体纷纷采用最先进的网络广告管理软件。

1998 年 12 月,Chinabyte 以 6 万美元重金购买了国际上权威的网络广告管理软件 Netgravity,"搜狐"、"找到啦"等公司随后也加入购买行列。Netgravity 是当时国际上最好的网络广告管理软件,可以最合理的方式分配、使用和监测网络广告,从而让网络媒体获得最优的回报。网络媒体在内容上的优化和客户服务上的改进,既以最正规、有效的服务回报了广告主,也建立起了良好的市场信誉和企业形象。

1999 年 1 月,新浪拿到 IBM30 万美元广告订单,标志着网络广告已经开始走向规模化,传统广告主重视使用网络媒体是让整个网络行业兴奋的消息,传统广告主越来越愿意采用网络媒体作为其广告宣传的媒体,例如,乐百氏在新浪上的整合营销方案以及肯德基在搜狐上的广告营销案例都非常成功。网民也通过网络广告对 Intel、IBM、联想、摩托罗拉、索尼等公司的品牌和产品有了更

❶ 马文良.网络广告经营技巧[M].北京:中国国际广播出版社,2001.
❷ 李海峰.网络传播与新广告[M].武汉:武汉出版社,2002.

多了解，而随着网民的商业价值不断提升，越来越多的传统广告主会采用网络媒体进行广告投放。对于网络媒体来说，为了增加盈收，各网络门户纷纷开始进行业务拓展的尝试，开发出短信服务、收费邮箱、个人主页、搜索引擎注册、在线游戏等多项收费服务。

2. 数字媒体的多元化发展

2000 年 10 月 24 日至 11 月 6 日，中国软件评测中心（CSTC）对 allyes 公司开发的"ADFORWARD 网络广告管理系统 V4.0"进行了测评，认为该软件功能齐全，具有良好的稳定性、兼容性、灵活性、易用性和安全性，达到了国际水平。这是中国第一套具有自主知识产权的网络广告管理系统，减少了国内网络媒体对国外高价网络广告管理软件的依赖性，从而降低了中国网络媒体的网络广告管理成本。

2000 年 11 月 12 日，新浪网在北京与全球著名的网络广告公司 Doubleclick 签订合作协议，将使用后者的技术发布定向广告。利用该系统，新浪可以根据不同类型广告主及其产品对受众特征的不同需求，准确地判断出受众的相关特征，这标志着定向广告时代的到来。

2001 年开始 QQ 成为热门数字广告媒体。凭借庞大的用户群，QQ 每天用户面板上小广告条的显示量可以达到 10 亿次，成为某种意义上中国最大的网络广告媒体之一。

2001 年 6 月，新浪在中国网络门户中率先推出分类广告。分类广告也是分类信息，主要为中小企业客户提供分类信息宣传，单条的广告价格十分便宜。从某种程度上来说，分类广告只能算作是文字信息，分类广告的业务量并不是很大，但却加深了很多人对网络是第四媒体的理解。

2002 年年初，新浪、搜狐、网易的股票如履薄冰，股价之低甚至已经到被摘牌的边缘。各大网站使出浑身解数，为自己拓宽收入渠道。搜狐和新浪在".net"、"Online"概念上全面开战，网易则利用自己庞大的社区和年轻用户资源全面拓展短信和游戏市场。

另外，Tom、21CN 等综合类网络媒体也成为后起之秀，凭借短信、收费邮箱等不同业务增加了收入渠道，2002 年的网络广告收入也获得了较高增长，成为在中国网络广告媒体市场上的生力军。网络广告销售趋势被看好。

2002 年 IT 类网络媒体是专业媒体中最为活跃的一类。天极网、太平洋电脑网、eNet、赛迪网等凭借多年的积累、商业化经营以及在 IT 广告客户中良好的口碑，当年都获得了千万元级别的网络广告收入。另外，一些以配件信息、软件下载、经销商资讯为主的 IT 专业网站，例如电脑之家、PCPOP、中关村在线、IT168 等网站也都取得了数百万元不等的销售成绩。

专业汽车类网站中，中国汽车网和汽车新网两家著名的汽车类专业网站，凭借着中国汽车市场在 2002 年的火爆，在与新浪、搜狐等门户网站汽车频道的抗衡中，也获得了一大部分汽车厂商的青睐。

房产类媒体搜房网和安家网随着房地产市场的升温，也都取得了较好的业绩。

定位为消费旅游类门户的 eLong 公司，凭借其有特色的定位和与众不同的网络用户群，在中国网络广告市场也分到了一杯羹。

2002 年北京电通成立互动广告中心，当年业绩居全行业之首。盛世长城、精信广告、麦肯光明等广告公司也都在同年加强了互动广告服务力量。事实越来越证明，网络广告是整个广告营销计划中不可缺少的一部分，而最能够获得客户青睐的还是包含网络和传统媒体在内的整合营销方案。好耶旗下的诠释广告，凭借着好耶网络广告管理系统的市场技术优势，建立起良好的媒体关系，同时增强了广告创意制作队伍和媒介策划能力，在 2002 年中获得了比较好的业务增长，公司也正式转亏为盈。

网上分类广告蓬勃发展，其主要针对小型企业广告客户，发布旅游、教育、地产、汽车销售、IT 产品销售等小型商业信息。分类广告占传统平面媒体广告份额的 20%～30%，但网络上的分类广告才刚刚起步。2002 年以来，新浪、搜狐都利用自己庞大的用户群和访问量重点推广了分类广告，并分别在北京、上海、广州等城市作重点渠道培养，通过小型广告代理商来销售分类广告资源。2003 年 10 月 15 日 9：00，新浪开始销售 2004 年上半年的网络广告资源，在两分钟内与各代理公司签下了近亿元的订单，创造了中国网络广告史上的一个里程碑。

电子邮件营销喜忧参半。2002 年对于中国的电子邮件营销市场来说是喜忧参半。喜的是中国的网络广告主越来越认同电子邮件营销的价值，发现电子邮件是比传统邮件营销更加高效、反馈率更高、与客户沟通更加方便的一个媒体。忧的是因为中国的法律对垃圾邮件的制约还不够规范，给很多不法分子以可乘之机。现在很多经常上网的人打开邮箱，发现最多的就是垃圾邮件。这无疑也大大降低了合法 Email 营销的效果。

2002 年移动电话用户已经突破 2 亿大关，这是网民数量的 4 倍，"拇指一族"已经成为年轻人中的一种时尚。2002 年一年，仅中国移动的用户短信发送量已经超过 750 亿条。作为广告商家，自然也不会放弃尝试这种新的与消费者沟通的机会。很多广告商都在 2002 年推出与短信游戏相关的活动项目来推广产品。

根据艾瑞市场咨询 iResearch 的统计，2003 年中国网络广告市场规模已达到 10.8 亿元，比 2002 年的 4.9 亿元增长 120%。2003 年，由于"非典"让众多商家真正了解到互联网广告的价值所在，也让更多人在这一年真正认可了网络广告。

2004 年，搜索引擎市场除百度、中搜外又增加了搜狗和一搜，以及专门的购物搜索引擎。点击付费模式成熟：除了固定排名和付费登录模式，CPC❶ 成为搜索引擎竞相采用的商业模式，倍受服务商和中小企业的追捧。这也引发了当

---

❶ cost per click 的缩写。

年百度竞价排名与雅虎搜索竞价的侵权之争。博客升温催生了博客营销和 RSS 应用❶，博客从萌芽进入快速发展时期，依托于搜索引擎和加盟网站为投放媒体的 CPC 广告的长足发展。此外，国内推出了一种名叫"窄告"的文字链广告，通过语义分析技术将文本广告投放到与之内容相关的网络媒体文章周围，按照广告展示的次数收费，成为继搜索引擎广告之后又一新型文字链广告模式。而百度收购 hao123.com，更加凸显了文字链广告的巨大价值。

三、Web1.0 时代主要的数字媒体与营销模式

1. 门户网站

所谓门户网站，是指通向某类综合性互联网信息资源并提供有关信息服务的应用系统。门户网站最初提供搜索发动机、目录的服务，后来由于市场竞争日益激烈，门户网站不得不快速地拓展各种新的业务类型，希望通过门类众多的业务来吸引和留住互联网用户，以至于目前门户网站的业务包罗万象，成为网络世界的"百货商场"或"网络超市"。门户网站主要提供新闻、搜索发动机、网络接入、聊天室、电子公告牌、免费邮箱、影音资讯、电子商务、网络社区、网络游戏、免费网页空间，等等。在我国，典型的门户网站有新浪网、网易和搜狐网等❷。

在 Web1.0 的初期阶段，网络形态比较简单，网民与广告主的沟通方式主要是浏览型广告和点击型广告。浏览型广告是指网民通过网页广告浏览的方式来获取广告信息的广告形式。这种广告形式的特征是：首先，广告主的宣传目的主要是展示品牌形象和宣传企业信息；其次，广告符号以文字和图片为主，广告创意简单，新闻与广告往往难以区分；第三，除部分电子商务网站外，广告受众只能浏览信息，难以与广告主进行及时、有效的互动；第四，广告效果多以网络媒体访问量等指标进行衡量，因而多采用千人印象成本为主的收费方式。

2. 搜索引擎

搜索引擎（search engines）是对互联网上的信息资源进行搜集整理，供用户查询的系统，它包括信息搜集、信息整理和用户查询三部分。

搜索引擎是一个为用户提供信息"检索"服务的网站，它利用一些程序把因特网上的所有信息归类以帮助人们在茫茫网海中搜寻到所需要的信息。随着 Yahoo 的出现，搜索引擎的发展也随之进入黄金时代。相较于初期，现在的搜索引擎性能更加优越，它已经不仅仅是单纯用来搜索网页信息的工具，而是变得更加综合。以搜索引擎权威 Yahoo 为例，自 1995 年 3 月由美籍华裔杨致远等人创办 Yahoo 以来，其由单一的搜索引擎发展到现在集电子商务、新闻信息服务、个人免费电子信箱服务等多种网络服务于一体，充分说明了搜索引擎的发展方

---

❶　也叫聚合内容，Really Simple Syndication 是在线共享内容的一种简易方式。

❷　霍志刚. 中国互联网广告的发展[D]. 北京：对外经济贸易大学硕士学位论文，2007.

向必然是一个由单一到综合的过程。常用的搜索引擎有 Google、百度、Yahoo、搜狗、中搜、网易搜索等。

2003 年，Google 推出 Google AdSense，Google AdSense 是基于内容定位的搜索引擎广告形式，可以让具有一定访问量规模的网站发布商为他们的网站展示与网站内容相关的 Google 广告，并将网站流量转化为收入。对网络媒体来说，Google AdSense 的出现推动了网络广告市场的分工，为中小网站专注于网站维护和内容创新提供了保障，减少了网络广告版面浪费，也促进了网络媒体的品牌化建设；对于广告主来说，Google AdSense 的出现提高了网络广告的传播效率，降低了中小企业的广告宣传成本。

2004 年 9 月，上海搜狐公司主动以每天每字超过 1000 元的天价购得百度一个文字链广告位，创下了中国网络广告界的收费纪录，也体现了广告主对搜索引擎广告价值的认可。

3. 行业垂直

"垂直门户"是相对 Yahoo 等这样的门户网站而言的，Yahoo 等传统门户链接的内容广泛而全面，覆盖各行各业，"垂直门户"则专注于某一领域（或地域）如视频类、汽车、IT、金融、游戏咨询、电子商务、物流等，力求成为关心某一领域（或地域）内容用户上网的第一站。垂直网站的特色是专一，他们不追求大而全，而是只专注于做自己熟悉领域的事。他们是各自行业的权威、专家，他们吸引顾客的手段就是做得更专业、更权威、更精彩。

伴随着行业门户垂直网站的深度发展，专业的视频类网站上开始出现各种富媒体广告，富媒体广告是指能实现 2D、3D 动画和 Video、Audio 等具有丰富视觉效果和交互功能效果的网络广告形式。富媒体广告文件容量大，需要宽带进行支持，具有交互性强、信息量大、表现力丰富和易统计等特点。富媒体广告主要包括视频类广告、扩展类广告和浮层类广告三种类型。视频类广告的形式可分为标准的视频形式、画中画形式、焦点图视频、产品外形以及选项卡形式；扩展类广告的形式可分为通栏扩展、下拉式通栏、中缝、撕页、扩展画中画以及自定义扩展等；浮层类广告的形式包括无回放（包含全屏尺寸）、重播型、对联重播、自定义重播等类型。

1999 年，Jonathan Mellinger 建立 Eyewonder 公司，创造了 Rich Media 新媒体技术。2002 年，互动通推出 iCast，iCast 是基于互动通专利技术的新一代网络富媒体广告解决方案，互动通是国内第一家推出富媒体广告形式的公司。

2004 年，诸如 Eyeblaster 和 United Virtualities 等国际知名富媒体公司开始进入中国市场，并看好中国富媒体市场的发展。

4. 网络游戏

网络游戏是利用 TCP/IP 协议，以 Internet 为依托，可以多人同时参与的游戏项目。网络游戏有两种存在形式：一是必须链接到互联网才能玩，而淡季状态则不能玩，这种形式的游戏有些需要下载相关内容或软件到客户端，有的则不需要；第二种则必须在客户端安装软件，此软件使游戏既可以通过互联网同其他人联机玩，也可以脱网单机玩。从"盛大"走红到"九城"的火爆再到网易凭借网络游戏收入稳居网络公司收入之冠，可想而知网络游戏在网民中的地位。

四、Web1.0时代数字营销的特点

（1）门户网站营销。Web1.0是以门户网站为代表的时代，企业网络营销策略的实施基本上都是围绕门户网站展开的集中营销，相对简单，其本质上是传统线下营销模式的照搬。Web1.0时代的互联网仍然是一个顾客被动接受产品信息的阶段。

（2）顾客是营销策略的终端接受者。Web1.0的网络营销，营销策略止于终端接受者，顾客的信息无法通过网络渠道再反馈给企业主。其大致流程是，企业通过网站广告、Email营销等方式，将产品信息发布于互联网，顾客从网站获取信息后，产生购买的决策。但最终无法实现消费者和生产者的深度互动。

（3）Web1.0营销模式相比传统线下营销，大大降低了成本。网站专业性的区分，可以使企业更有针对性地投放网络广告。Email营销为企业实行点对点精准营销提供了可能。此外，由于互联网的广泛性，也使得企业可以更方便地开展跨国品牌宣传，大大突破了传统营销宣传的局限。然而，尽管如此，Web1.0时代的网络营销依然只是传统营销模式的延伸，买卖双方信息不对称，顾客始终处于弱势的地位，企业考虑得更多的是如何让更多顾客购买产品，而至于购买之后的行为，不是其主要关心的问题。

第三节　Web2.0时代的数字营销（2004～2007年）

一、Web2.0时代数字媒体发展状况

Web1.0到Web2.0的转变，具体地说，从模式上是单纯由"读"向"写"、向"读写共同建设"发展；由被动地接收互联网信息向主动创造互联网信息迈进；在基本构成单元上，是由"网页"向"发表、记录的信息"发展；在使用工具上，是由互联网浏览器向各类浏览器、内容聚合阅读器等内容发展；在运行机制上，由"客户机/服务器（client/server）"向"网络服务（Web Services）"转变；在作者方面，由程序员等专业人士向全部普通用户发展；在应用上，由初级的"滑稽"的应用向大量全面的应用发展。

总之，Web2.0 是以博客（Blog）、标签（TAG）、社会网络服务（SNS——Social Network Service）、聚合内容（RSS）、维基（Wiki）等应用为核心，依据六度分隔、可扩展标识语言（xml）、异步传输（ajax）等新理论和技术实现的互联网新一代模式。

国内运营得比较成熟的 Web2.0 网站主要如表 2-1 所列。

2006 年国内主要的 Web2.0 应用网站 ❶   表 2-1

网站类别	代表性网站
博客	MSN 空间（http：//spaces.live.com）
	博客网（http：//www.bokee.com）
	新浪博客（http：//blog.sina.com.cn）
	BlogBus（http：//www.blogbus.com）
	中国博客（http：//www.blogcn.com）
论坛	大旗（http：//www.daqi.com）
	139 社区（http：//www.139.com）
	猫扑（http：//www.mop.com）
	天涯（http：//www.tianya.cn）
SNS	联趣（http：//www.lianqu.com.cn）
	亿友（http：//www.yeeyoo.com）
	51.com（http：//www.51.com）
垂直搜索	奇虎（http：//www.qihoo.com）
	博搜（http：//www.boso.com）
RSS	Feedsky（http：//www.feedsky.com）
	Gougou（http：//www.gougou.com）
	看天下（http：//www.kantianxia.com）
	周博通（http：//www.potu.com）
播客	土豆（http：//www.tudou.com）
	菠萝（http：//www.podlook.com）
	中国播客（http：//www.podcastcn.com）
	磊客中国（http：//blog.rox.com.cn）
分类广告	客齐集（http：//shanghai.kijiji.cn）

❶ 彭小瑜. 基于web2.0概念的网站及其商业模式分析[D]. 武汉：华中科技大学硕士论文，2006.

网站类别	代表性网站
分类广告	搜搜客（http://www.sosoko.com）
Wiki	中国大百科（http://www.cndbk.com.cn）
	网络天书（http://www.cnic.org）
	互动在线（http://www.hoodong.com）
网摘	365key（http://www.365key.com）
	新浪vivi（http://vivi.sina.com.cn）
其他	大众点评网等（http://www.dianping.com）

资料来源：彭小瑜.基于Web2.0概念的网站及其商业模式分析[D].武汉：华中科技大学硕士论文，2006.

　　Web2.0最重要的特点就是以用户为中心，充分激发用户的主动性，发挥用户的原创能力，形成网上网下的真正互动。因此，用户对Web2.0各类服务的使用情况很能说明当前Web2.0市场的盛衰。《中国Web2.0现状与趋势调查报告》显示，用户使用得最多的服务是博客，其次是手机上网和内容聚合（RSS）阅读，然后是标签和网摘，再有就是引用、播客、维基、移动博客，最后才是异步传输等。另外，还有4.9%的人没有用过任何服务（图2-2）。

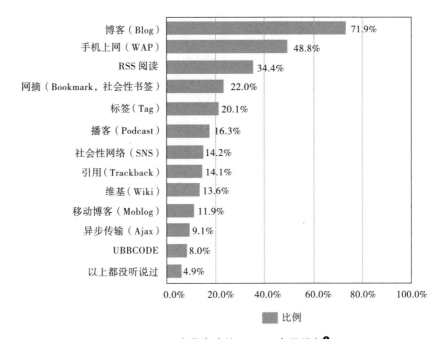

图2-2　用户最喜欢的Web2.0应用服务❶

（资料来源：鲁宏.Web2.0时代的网络传播[J].河北大学学报(哲学社会科学版)，2006（4））

---

❶　鲁宏.Web2.0时代的网络传播[J].河北大学学报（哲学社会科学版），2006（4）.

从用户的使用情况可以发现，Web2.0已经受到互联网用户的广泛追捧，在服务方式和技术水平上都已经获得了市场认可。特别是手机上网、移动博客、播客这些服务将成为未来市场开拓的重要领域。

二、Web2.0时代数字媒体的主要类型

1.博客

博客的意思是网上日志，1997年由Jorn Barger所提出。1999年，eatonWeb网（http://www.eatonWeb.com）成立了一个博客目录，收集所知道的博客网站。1999年，peterme网（http://www.peterme.com）首次使用了缩略词"Blog"，后来成为常用的术语。

博客是Web2.0的主体应用模式，是一种十分简易的个人信息发布方式。在被称为"博客年"的2005年，博客因其广泛的应用和在信息发布方式方面的特点而成为一种主流信息媒体，各种专业性博客网站纷纷成立，各大门户网站也相继推出各自的博客频道。随着博客的不断发展，博客已经走入了人们的日常生活，成为人们进行信息交流的另一个重要渠道。同时，博客也在逐渐商业化，并逐步进入广告领域，其庞大而相对细化的受众群体使其成为各企业进行产品和品牌推广的重要媒介手段。❶

博客的主要表现形式有以下几种：企业开博，企业家博客，博客广告。

美国社会性媒体会议BLOG ON在发布的"2005年社会性媒体调查"（2005 Social Media Adoption Survey）报告中认为：企业博客开始兴起，企业正在使用博客来进行对内对外的交流沟通，达到增进客户关系，改善商业活动的效果。博客将企业与外界的沟通带到企业以外，直接加强企业与市场的对话，并改变了过去单向的对话方式。

一些大公司的CEO相继加入到这个行列中，如波音公司副总裁兰迪·巴塞尔（Randy Baseler）创建了自己的博客，阐述波音公司对竞争对手空中客车公司推出的新款超大机型A380的看法。通用汽车公司副董事长鲍勃·鲁兹（Bob Lutz）建立了一个名为"快车道（Fast Lane）"的博客把在美国底特律举行的北美国际车展上的所见所闻都贴在了博客上。在中国，比较成功的是潘石屹的博客，2008年访问量已经超过2000万人次。潘石屹所发表的博客内容，实际上都是对企业的很好的宣传，同时，潘石屹在博客上还直接发布广告，在访问量达到2000万的时候，潘石屹举办了见证潘石屹博客访问量达到2000万的活动，通过活动来进一步提升博客的知名度，吸引其他媒体的报道。

2007年有很多事情都和博客有关，"博啦"的博客事件营销、阿里妈妈对未来博客广告的推动、新浪博客开始广告分成、Feedsky的话题广告以及不少的广

---

❶ 朱德利.Web2.0及其信息传播思想[J].中国信息导报，2005（11）.

告主选择博客作为广告传播的媒体之一。作为一种能够体现博客主个性以及定向传播的新兴网络媒体，博客的商业价值正逐渐被广告主所认识。

2. RSS 在线共享

在 Web2.0 时代，RSS 作为一种信息的传播方式，其初衷是让使用者通过 Web 实现信息聚合。目前，RSS 的运用不是集中在商业信息的集中订阅，而是受众个人信息的聚合。特别是在博客兴起的时代，众多的博客作者都成为 RSS 的使用者。并且，由于 RSS 自身自由、便利、干扰少的特点，也使得 RSS 成为企业进行产品营销的绝好工具。

RSS 营销就是利用 RSS 技术向用户传递有价值的信息来实现网络营销目的的活动。在网络营销中，企业利用 RSS 技术可以及时地把最有价值的信息（如商业机会、商品价格、某些关键词的搜索结果等）"推"向用户，使用户不必访问大量的网站，就可以自主获取这些网站的最新的信息，并从中选择自己所需要的信息，从而使企业更为有效地展开网络营销活动。

在 2006 年，最热门的网络营销应用趋势即是 RSS 聚合技术（RSS 是在线共享内容的一种简易方式）应用于商业领域，同时，RSS 广告也成为令人关注的网络营销形式之一。RSS 广告是通过对 RSS 内容进行分析，提供与上下文相关的广告内容，将广告放到 RSS 种子中，跟随信息流一起送到订阅种子的用户眼前，甚至还可以让广告客户决定广告出现的位置。早在 2005 年 12 月，国内知名 B2C 企业卓越网就宣布与 RSS 服务提供商 FeedSky 合作，将 RSS 引入基于分众传播的 B2C 电子商务广告中。FeedSky 和卓越网的合作，与亚马逊和 Feedburner 的合作类似，即基于 RSS 的广告模式。相对于 Web1.0 时代的邮件营销，Web2.0 时代的 RSS 营销有更多的优点。首先，RSS 是一种多样化、个性化信息的聚合。用户通过安装 RSS 阅读器软件，就可以按照喜好，有选择性地将感兴趣的内容源聚合到该软件的界面中，为用户提供多来源信息的"一站式"服务。其次，RSS 信息发布的时效强、成本低廉。重要的是，在当代的海量信息世界，RSS 把信息的选择权重新交还给了受众，受众可以避免大量无关信息的干扰。此外，在用户端获取信息并不需要专用的类似电子邮箱那样的"RSS 信箱"来存储，因此不必担心信息内容存储过大的问题。

3. SNS 网络社区

受众聚合以及社区化是 Web2.0 时代的一个重要特征。由于网络社区拥有独特的受众群体和黏性，Web2.0 以个性化和丰富的服务提高聚合度，形成网络大型社区，人们自然地在大社区里面再形成若干个主题小社区，越自然就越向社会现实组织架构回归，这样社区的生命力就越强，商机也就越大。

同时，Web2.0 时代的社区有着很强的互动特性，在强调协作与分享的同时，整个页面更加实用，并且有更高的用户友好度。在这个社区里，体现出了 Web2.0 时代的特性，即高效便捷的个人知识管理、细分的多媒体应用和丰富的客户界面等。作为拥有众多用户的网络社区，它正在体现出其作为广告传播和营销平台的巨大价值。Web2.0以较低的成本提供了一个较大的空间和较为有效的结构，使人们在里面更加舒服方便地进行信息传播、社会交往和服务传播，于是各种生活方式、娱乐、交友、艺术一齐出现，营销商务也就此开始。

网络社区通过某种主题使受众聚合在一起，并在这个虚拟的社区中相互交流，这种交流是通过网络来进行的人际传播。通过网络社区这一平台的搭建，企业可以在更大的范围搜索消费者和传播对象，将分散的目标消费者和受众精准地聚集在一起，利用新的网络手段扩大口碑传播范围，获得更为精准的营销推广效果——真正网罗分众、汇聚目标群体、演绎精准营销。和传统网络营销相比，网络社区行为的主体、对象和方式都已经发生了细微变化，这种变化更有利于提高消费者的信任度，最终促使消费者产生购买行为。社区提供了近似人际传播的环境，更容易取得消费者的信任，信息的说服力得到提高，有利于消费者达成购买。一些企业还巧妙地借助社区中的"意见领袖"这一营销原点展开企业推广行为，并以此来提高营销目标的准确性。

三、Web2.0时代营销传播的新方式

Web2.0是以UGC（用户贡献内容）为核心的去中心化的演绎，它同时强调社会化，强调开放、共享，强调参与、创造。Web2.0的最大改变就是普通人开始改变、创造网络。Web2.0要凸现每个用户的价值，每个人在互联网上都可以创造自己的价值。

1. 创意营销传播方式

用户由被动的接受者变为主动的参与者，通过个性化创意来表达自己对品牌概念的理解。通过用户自身的创意和用户之间的互动，传播品牌或产品信息，在创意和互动过程中加深对品牌内涵的理解。例如，酷六网（中国知名的视频网站）采用的UGA（用户产生广告）模式的营销传播方式，就是一种创意营销传播方式，即通过在网友拍摄的原创视频中植入品牌或产品内容元素，将品牌信息潜移默化地传递给网友，达到娱乐网民和宣传品牌或产品的双重目的，同时视频原创作者也可以因此受益，形成企业、用户和网站三方共赢的态势。

2. 病毒营销传播方式

这是借助用户口碑进行营销传播的一种方式策略。将网络信息像病毒一样用快速复制的方法，迅速传向以数以千计、数以万计的受众，把用户变成"活"的广告载体，通过人际传播提高品牌好感度。病毒营销传播方式的成功典范当首推开心网，一个主要用户为白领的社交网站。从2008年3月上线到2009年8月，开心网的注册人数已经突破4000万，截至2009年7月底数据显示，在Alexa全球网站排名中，开心网位居中国网站第十位，居中国SNS网站第一名。❶而其

---

❶ 张莹.开心网注册用户破4000万[N].中国新闻出版报，2009-07-30（6）.

实开心网提供的产品并不出众，最初推出的两款游戏"朋友买卖"和"争车位"都源自于美国最大的 SNS 网站 Facebook 中的游戏，可以说开心网是 Facebook 网站游戏的翻版（表 2-2）。

开心网组件与 Facebook 组件比较　　　　　　　　　表 2-2

开心网组件	Facebook 实用组件
朋友买卖	Friends For Sale
争车位	Parking War
开心农场	Happy Harvest
动他一下	Hug Me
真心话大冒险	Honesty Box
脑大福大	Who Has the Biggest Brain?
投票	Poll
朋友比较	Comparison
朋友知我多少	Do you really know me?
专业测试	Which is your secret talent?

资料来源：张莹.开心网注册用户破 4000 万[N].中国新闻出版报，2009-07-30（6）.

真正使开心网成功的是其利用即时通信工具（IM）和电子邮件的方式进行的病毒式营销传播，MSN 是微软的即时通信工具，MSN 的用户主要为白领，通过与 MSN 合作，开心网获得了 MSN 的用户数据。用户在开心网注册之后，MSN 就会自动发送邀请链接给其 MSN 好友。有时，MSN 用户会在一天之内收到好几十个链接，邀请其进驻开心网，直到 MSN 用户最终注册。一旦注册，就会自动成为下一个传播节点。凭借着这种爆炸式的病毒营销传播模式，开心网的用户在短短几个月内呈几何级数增长。值得注意的是，开心网除了与 MSN 合作以外，几乎没有花一分钱进行广告推广，也基本上不在其他网站做广告链接。由此可见病毒营销传播方式的威力。

3. 社群营销传播方式

这是基于人际社交圈、人脉、六度空间概念产生的营销传播模式。把有共同兴趣和爱好的人聚集在一起，将其打造成一个共同的消费团体。网络论坛、博客、P2P 平台、SNS 等带有 Web2.0 特征的网络应用技术的出现，使互联网具备同时提供"个性"（原创、定制）和"共性"（聚合、共享）服务的能力，为社群营销传播创造了条件。Web2.0 为人们社群化聚合提供了前所未有的便利，这种聚合又为信息传播扩散提供了精准的社会分层，使信息能够在特定阶层中迅速扩散。社群化营销传播方式是基于品牌体验的社区营销传播的主要方式。奇虎网开发了一套有效的"顺势循环"社区营销传播方法 ❶，利用奇虎开发的 Voice Tracker（网络口碑监测工具）这一社区搜索引擎技术，帮助用户实现精准的"发现"。将品牌信息包装成具备话题性和自发传播性的内容，对广大网民进行碎片式的传播影响，充分调动起网友的力量一同参与到品牌的构建中来。只有做到"精准"、"互动"和"顺势"才能使社区营销传播的效益最大化地得以实现。

4. 体验营销传播方式

体验是指人们用个人化的方式来度过一段时间，并在该过程中产生具有独特价值的相关感知与回忆信息。体验营销传播方式是指调动消费者感官，影响他们的感受来介入其行为过程，让消费者切身体会品牌或产品的优势。1998 年，美国学者派恩二世和吉尔墨在《哈佛商业周刊》发表了文章"体验经济时代来临"，阐述了经济历史演变的几个阶段：农业、工业、服务和体验。预言"体验经济时代的来临"，即消费者从注重产品的实用、价格、科技和专业，到更加注重情景、情感层面的感观体验和心理认同。消费者现在问的不是"你能为我做什么"，而是"你怎样让我开心"。❷ 在体验营销传播方式中，消费者保留了对过程体验的长久记忆，由于体验美好、非我莫属、不可复制、不可转让，使得消费者愿意为体验付费。

5. 宽频互动营销传播方式

猫扑网帮助企业使用视频、Flash 等富媒体表现形式，随意组合广告形式与广告媒介，获得更立体的宣传展示空间，与用户深度互动交流。猫扑网因此被艾瑞和 22 家知名广告公司评为最具有互动营销价值的网络媒介。

网络具有快速、廉价与互动的优势，这一优势是其他媒体无法比拟的，但从整合营销传播的角度分析，有一个观念必须明确，这就是整合营销传播是作为一种由外向里的实施方法，所谓整合既包含着对各种媒体的综合运用和发挥集合影响，也不排除在营销传播中选择最适合自身的传播沟通方式。

第四节　Web2.0时代的数字营销（2008年至今）

一、移动数字媒体发展状况

从 2007 年苹果手机出现之后，网络社会进入了一个新的时期，我们依然将

---

❶ 奇虎网社区研究机构.社区时代的互联网营销[J].中国广告，2009（3）：142.

❷ 丁邦清.娱乐大众，营销自己[M]//大众娱乐大众：新娱乐营销攻略.北京：机械工业出版社，2006：108.

这个时代称为 Web2.0。这个阶段，随着手机上网功能的实现，网络已经突破时间和空间的限制，人们随时随地通过网络联系到一起。从 2008 年至今，移动互联网的发展不断深化，目前仍处于深刻的变革之中。

移动互联网营销传播方式产生于移动互联网大背景下，由于企业目标用户的沟通交友方式、获取信息的方式以及服务的方式都改变了，因此企业营销活动也必须紧随之改变，并且，每一种新媒体的出现，势必会引起营销传播方式的改变。本节通过对基于移动互联网平台以手机为媒介进行的传播方式进行比较分析，希望能够为企业营销传播活动提供一些参考。

首先需要对基于移动互联网的营销传播方式进行分类，主要了参考中国互联网络信息中心（CNNIC）第 32 次报告（图 2-3）。手机网民使用较多的手机应用主要包括以下 15 种，即手机即时通信、手机搜索、手机网络新闻、手机网络音乐、手机微博、手机网络文学、手机社交网站、手机网络游戏、手机网络视频、手机邮件、手机在线支付、手机网上购物、手机网上银行、手机旅行预订和手机团购。其中手机即时通信类应用的使用率是最高的，且有增长的趋势。

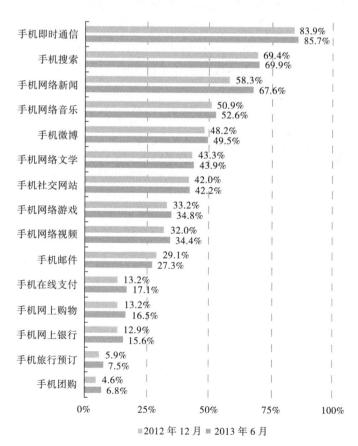

图2-3　2012年12月至2013年6月中国手机网民手机应用使用率

（资料来源：CNNIC中国互联网络发展状况统计调查，2013年6月）

手机媒体功能主要包括通信类（短信、彩信、语音视频通话、即时通信等）、资讯类（手机报、手机搜索、手机营销等）、休闲娱乐类（手机电视、手机游戏、手机阅读、手机音乐等）、移动电商类（手机支付、移动商城等）、专项服务类（手机定位导航、手机移动信息助理（MIA）、e 企业或行业专项服务等）。综合考虑上述手机网民的主要手机应用项目以及手机主要功能，从消费者需求的角度出发，对主要的移动互联网营销传播方式作出如下分类（表 2-3）：

第一类：移动社交类传播方式，主要是借助企业目标用户的社会关系网或者意见领袖来进行产品的推广以及品牌信息的传播，其中主要包括社交网站、微博、微信、QQ、MSN、社交游戏、个人空间、朋友网、LBS 网站、BBS、求职类网站等。

第二类：信息资讯类传播方式，主要是通过知识分享、信息查询、资讯等接入端界面植入广告或根据历史数据分析开展数据库营销活动，主要传播方式包括手机报、手机搜索等。

第三类：休闲娱乐类传播方式，即从消费者休闲娱乐角度出发，以文字、图片、声音或视频等形式为载体进行的营销传播活动，主要传播方式包括手机电视、手机音乐、手机阅读、各类图片分享网站、视频分享网站等。

第四类：移动电商类传播方式，即以满足企业用户交易或者消费需求为核心，通过各类手机 APP 应用程序等，促使更多移动电商类交易的实现，主要的传播方式包括大众点评网站、购物分享网站、手机团购、手机旅游预订、票务预订、手机支付、移动商城等。

移动互联网营销传播方式分类   表 2-3

	类别	具体形态
移动互联网营销传播方式分类	移动社交类	社交网站、微博、微信、QQ、MSN、社交游戏、个人空间、朋友圈、LBS 网站、BBS、求职类网站等
	信息资讯类	手机报、手机新闻（一点资讯、凤凰网手机 APP 等）
	休闲娱乐类	手机电视、手机音乐、手机阅读、各类图片分享网站、视频分享网站等
	移动电商类	大众点评网站、购物分享网站、手机团购、手机游戏预订、票务预订、手机支付、移动商城等

二、移动互联网营销传播方式分析

从目前人们使用移动媒体的习惯着眼，移动互联网营销传播方式主要包括了微信、微博、人人网、大众点评网、搜索引擎、手机视频、手机游戏、腾讯QQ、手机新闻、电子邮件等。企业在选择一种或多种移动互联网营销传播方式的时候，不仅要考虑企业自身的实际情况，更重要的还取决于企业目标消费者的行为习惯，比如企业所面对的消费者喜欢什么样的手机应用，经常会光顾哪些网站、论坛、社区，经常关注一些什么内容等，这些都对企业选择具体的传播方式乃至接下来的整个推广过程至关重要。

微博、微信、搜索引擎和移动视频是互联网中具有代表性的四种营销传播方式，通过对比分析这四种营销传播方式能够反映网络营销传播的实质。企业基于移动互联网进行的营销传播过程其实质是企业为实现自身利益并同时满足消费者各种需求而开展的一系列信息沟通活动或行为。任何信息传递的过程都离不开信息传播者、传播内容、信息接收者这些基本构成要素，最终造成不同的传播效果。下面将从信息传播基本构成要素的角度对这四种具有代表性的传播方式进行具体分析。

1. 微博营销传播

目前，国内用户广泛使用的微博当属新浪微博和腾讯微博，很多商家也大都采取这两种微博来开展营销传播活动，就中国百强品牌企业而言，已有超过70%通过微博来进行产品信息传递及品牌推广等活动。微博短小精悍，易于记忆和传播，可以植入视频、图片等多种信息，国内媒体界、名人明星、政府机构等都在积极参与，使得微博的声势愈演愈烈，不少用户每天发布微文，并参与其他微博的转发、评论等。微博作为一种新兴的移动互联网营销传播方式已在各行业得到普遍认可，同时也广泛应用于企业的各种营销传播活动，企业运用得当，微博传播的效果良好，能够帮助企业树立品牌形象，传递产品信息。下面从信息传递过程的基本构成要素出发对微博传播进行具体分析。❶

信息传播者：微博的信息传播者打破了以往企业作为唯一信息发布者的格局，信息传播者不仅包括企业，还包括意见领袖与任何普通的信息接收者，其中意见领袖在微博信息传播中影响力甚大。

传播内容：微博可以通过文字（140字）、图片、视频、表情、动画、超文本链接等载体进行具体的内容信息的传递。

信息接收者：对于企业来说，所有关注企业微博的用户都有可能成为信息的接收者，而且每一位微博用户都拥有自己的社交圈，因此其社交圈内的人群也可能成为间接的信息接收者。

2. 微信营销传播

微信自面世以来发展迅猛，技术日渐成熟，版本不断更新，其各项功能都有快速的提升，满足了用户的需求。最初很多用户开始使用微信是因为其图文并茂的通信功能，尤其是语音对话功能，后者可以让每位用户与朋友进行实时"直播"对话。微信附身于手机之上，打通了传统电信通信和移动互联网的界限，

---

❶　邓超明. 网络整合营销实践手记[M]. 北京：电子工业出版社，2012.

满足了人们交换信息和沟通互动的需求。另外，微信的注册非常简单，只要有QQ号、手机号或者邮箱就可以注册。截至2013年11月，微信的注册用户已经突破6亿，成为亚洲地区具有最大用户规模的移动即时通信软件。❶

自2011年腾讯公司基于智能手机推出微信到现在，短短几年内，其自身功能不断完善，用户群体快速增长，为企业开展营销传播活动开辟了一片新天地。下面从信息传递过程的基本要素来分析微信营销传播。

信息传播者：微信"一对一"的私密性决定了其信息传播者并不像微博信息传播者那么广泛，因此微信的信息传播者主要包括企业及普通的微信用户，即微信用户通过关注企业的微信公共账号可以获取相关信息，同时也可能会对有价值的信息进行再次传播，从而成为信息的二次传播者。

传播内容：微信同微博一样可以通过文字、图片、视频、表情、动画、超文本链接等载体进行具体的内容信息的传递，但是不同的是微信可以实现即时语音进行直接"一对一"的信息传递。

信息接收者：就微信用户而言，通过主动关注企业微信公众账号成为信息的接收者，同时，用户自身社交圈内的人群也可能成为间接的信息接收者。

3. 搜索引擎营销传播

随着互联网以及相关技术的不断发展，搜索引擎在人们的日常生活中扮演着越来越重要的角色，大部分的信息搜寻都依赖于搜索引擎。如今移动互联网的迅猛发展以及智能手机的普及，更是满足了用户在移动状态下随时随地搜索信息的需求。第32次互联网调查报告中显示，在手机网民的手机应用中，搜索引擎的使用率排名第二，高达69.9%，仅次于手机即时通信。另外，由于生活中各种信息的获取会更多地诉求于移动互联网和手机搜索引擎，因此搜索引擎的用户规模必然会呈持续增长态势。基于目前这种情况，各企业及早洞察，并纷纷开展搜索引擎营销传播活动。目前，Google是全球最大的搜索引擎，百度排名第二，在中国，百度是国内搜索引擎的老大。搜索引擎是用户主动获取信息的重要途径，它作为一种营销传播方式，可以分析其信息传播过程的基本要素。

信息传播者：就搜索引擎而言，主要的信息传播者就是企业。

传播内容：在用户通过搜索引擎发生信息搜寻行为之后，会出现与其关键词密切相关的多个词条，这些词条所承载的信息即是所要传递的信息内容。

信息接收者：企业运用搜索引擎开展营销传播活动的信息接收者就是所有具有信息搜寻需求的用户。

4. 移动视频营销传播

视频是网络"多媒体化"的主要特征，也是互联网、移动互联网成功挑战

---

❶ 微信[EB/OL]. 百度百科http://baike.baidu.com/subview/5117297/15145056.htm.

主流的电视媒体的手段。由于兼具点播和分享等功能，以及即时搜索的便利性，视频已逐渐成为主流的娱乐方式。❶网络视频的蓬勃发展加之深受广大受众的喜爱，已经为各大视频网站和广告主赚取了丰厚的利润。随着移动互联网的蓬勃发展，移动终端设备的普及，网络视频营销正在向手机网络视频营销转变。CNNIC的第32次统计数据显示，手机网络视频在手机网民的各类应用中已达34.4%，并且仍以较快的速度持续增长。

总体来说，中国视频媒体的受众群体庞大，媒体影响力巨大，而且视频媒体的受众具有较高的营销和广告价值。从电视视频营销到互联网视频营销再到如今的移动视频营销，每一次媒介的更新，都为广告主的品牌信息投放提供了新的平台。移动视频视听效果良好，且具有方便、简捷的特性，能够给用户留下较为深刻的印象，也更加有利于信息的传递，因此成为很多企业营销传播的方式之一。

下面是对移动视频营销传播过程的基本构成要素的分析。

信息传播者：移动视频的传播者主要是企业，同时也包括一些意见领袖以及任意的普通受众。

传播内容：移动视频在信息传递的过程中即以视频为载体，传递企业的形象、产品信息、优惠信息、活动信息等。

信息接收者：移动视频的信息接收者就是任意的普通受众及通过各种分享、点评等行为引发社交圈内进行关注的其他人群。

通过上述对微博、微信、搜索引擎以及移动视频这四种营销传播方式的分析，其各自传播过程中的基本构成要素已经非常清晰，表2-4具体展示了四种方式的分析对比，可以对这四种传播方式有一个整体的把握。

移动互联网营销传播方式基本构成要素 ❷   表2-4

基本要素	移动互联网营销传播方式基本构成要素			
	微博	微信	搜索引擎	移动视频
信息传播者	企业、意见领袖、受众	企业、受众	企业	企业、意见领袖、受众
传播内容	文字（不超过140字）、图片、视频、表情、动画、超文本链接	文字、图片、视频、表情、动画、超文本链接、语言	企业网站信息、产品信息、促销信息、活动信息等	各种题材的植入广告视频、创意视频等
信息接收者	微博所有用户及其社交圈内的人群	关注企业公众账号的用户及其社交圈内的人群	所有具有信息搜寻需求的用户	普通受众及其社交圈内的人群

---

❶ 邓超明.网络整合营销实践手记[M].北京：电子工业出版社，2012.
❷ 袁淑华.基于移动互联网的营销传播策略研究[D].大连：大连海事大学硕士学位论文，2014.

续表

基本要素	移动互联网营销传播方式基本构成要素			
	微博	微信	搜索引擎	移动视频
传播效果	受众范围广，传播效果具有蝴蝶效应	精准互动传播，传播效果明显	"拉式"传播，用户主动获取信息，效果较佳	病毒式传播，优质的内容传播令人印象深刻

资料来源：袁淑华.基于移动互联网的营销传播策略研究[D].大连：大连海事大学硕士学位论文，2014.

◇小结

　　本章节重点在梳理数字营销策划与创意自 1995 年至今 20 年间的发展脉络。根据互联网发展的脉络和重要节点，我们把互联网技术的发展划分为 Web1.0、Web2.0 和 Web3.0 三个阶段。因为数字营销的基础是技术，技术发展是划分数字营销不同阶段的依据，技术的变革导致了网络形态的变革以及模式的创新，网络形态的变革必然造成广告传播形态的变革，与广告传播形态变革相适应的就是广告的策划与创意的变革。在不同阶段，数字营销的发展状况、传播方式以及传播特点都有所进化，而技术的发展则是数字营销进化的内在逻辑。

　　有关数字营销，国外的教材中，由肯尼思·C·劳顿（Kenneth C.Laudon）和卡罗尔·圭尔乔·特拉弗（Carol Guercio Traver）所著，2015 年出版的《电子商务》阐述了数字营销作为一种新型的营销传播模式，以互联网与移动平台为基础，通过利用网站、移动端和应用来发展新型的商业营销模式，创新广告营销策略。

　　网站作为一个营销平台，与用户产生联系，最终建立起客户关系，此时，数字营销是传统营销的线上服务；博客等社交媒体的出现使得数字营销走向了社会化营销的阶段，社交媒体的交互性可以聚合用户进行分享并参与营销活动；随着技术的不断创新，未来数字营销的发展走向必然是在线与离线营销的多渠道整合，一对一定制化营销，公司与客户合作生产，未来的数字营销属于长尾。

第三章　Web1.0 时代的新媒体策划与创意

第一节　Web1.0时代新媒体广告的特性

一、传播范围广泛性

新媒体广告的传播突破了传统广告在空间和时间上的局限性，它通过互联网把广告信息 24h 不间断地传播到世界各地。只要具备上网条件，任何人，在任何时间、任何地点都可以查看广告信息。

从 1994 年到 2000 年，全球互联网用户人数从 4500 万增至 4.2 亿，到 2005 年，在互联网上发布新媒体广告，所面对的客户数量是全球各地共计 10.8 亿人。而传统媒体广告如报刊广告、电视广告、广播广告等，都会受到发行区域或信号转接的限制，往往只能在某一特定区域范围进行传播，要想进行全球传播则要经过一系列复杂手续的办理。从这个角度来讲，新媒体广告传播范围的广泛性是传统媒体广告所无法比拟的。

二、传播信息海量性

Web1.0 的本质是聚合、联合、搜索，其聚合的对象是巨量、芜杂的网络信息。❶ 庞大的互联网可以容纳海量的信息和内容，新媒体广告信息的面之广、量之大是报刊、电视、广播等无法企及的。从 2002 年到 2005 年，我国搜索引擎用户数量由 3771 万人增长到 9760 万人，2005 年我国用户经常使用的搜索引擎市场份额中，百度以 87.5% 排在第一。❷ 搜索引擎的快速发展也体现了互联网传播信息的海量性。

在互联网时代，广告主提供和传播的信息容量是不受限制的，打破了传统媒体受版面、时间的约束。在传统媒体上，广告一般是一张配有文字的图片或一段 30s 左右的音视频，能给用户呈现的信息量很少。而在 Web1.0 时代，新媒体广告可以多种形式将产品的外观、价格、功能、购买方式和企业的相关信息

---

❶ 刘畅. "网人合一"：从Web1.0到Web3.0之路[J]. 河南社会科学，2008（3）：137-138.
❷ 中国搜索引擎年度报告（2005年市场份额版）[R].

等一一呈现出来。报纸和杂志在很大程度上受到空间的限制，电视和广播则受到播出时段和播出时间长度的限制，而新媒体网络突破了时空与容量限制，并且内容丰富，一个网站的信息承载量和报纸、杂志、广播及电视一天的版面或时段的信息承载量不可同日而语。

三、传播时间实时性

Web1.0时代新媒体广告可以实现全天候实时传播，并且即时启动、刷新或取消。传统广告由于成本高以及受版面和时段的限制，发布出来的平面广告很难及时变更，电视和广播广告的变更则更加困难，一旦确定了发布时间，如果改动，就会影响到其他节目的播出，因而传统广告往往不能做到实时发布和更改。然而，新媒体广告一改过去的局面，网站使用的是大量超链接，在一个地方进行修改造成的影响几乎可以忽略不计。例如，一则广告商品的促销价格发生变动，只需要轻点鼠标，修改一下价格，一两分钟后一则全新的广告就能出现在屏幕前，并且，实时变更的成本很小。但是随着互联网技术的快速发展，新媒体广告形式更加多样，新媒体广告制作越来越复杂，其变动成本将会提高，然而相比传统媒体广告，新媒体广告传播时间的实时性领先优势是无可厚非的。

四、传播网络交互性

Web1.0时代新媒体广告与传统媒体广告最大的区别在于传播网络的交互性。[1] 打开电视机能看到精美画面和声效的广告，打开收音机能听到极具诱惑的广告词，翻开报纸能看到各式各样的平面广告，也会在大街小巷收到房地产、美食、教育等各式宣传单。然而事实却是，电视一到广告时间就换台，收音机一到广告时间就调频，报纸一到广告版面就翻页，接到的宣传单也会随手扔进垃圾桶。因为传统媒体的广告都是单向度、强制性的传播，缺乏用户的及时互动反馈，广告效果并不好。新媒体广告给用户提供了更多自主选择的空间。用户在上网冲浪时，可以随心所欲地浏览网页上的广告信息，根据自己的需求和喜好有选择地进一步了解产品信息，可以通过即时通信、电子邮件、网站等方式与广告主进行沟通交流。电子商务网站最能体现传播网络的交互性，淘宝网就是最典型的例子，只要用户对该广告商品感兴趣，轻轻点击鼠标就能清晰了解和比较同类产品，还能通过阿里旺旺与商家进行互动，最终实现在线购买的目标。

五、传播形式多样性

新媒体广告是建筑在互联网技术基础上的。Web1.0时代新媒体广告运用多

---

[1] 樊葵. 论网络广告媒体交互性的双重效应[J]. 杭州师范学院学报，2001（7）：51-54.

媒体等技术，以文字、图片、音频、视频等方式，将产品的外观、性能、价格、购买方法等信息呈现给用户。传统媒体广告的形式较为单一，而新媒体广告可以将文字、声音、图像、表格、动画、动态影像、三维空间等进行任意组合创作，从多种感官出发，让用户全方位体验产品的特性，激发用户的购买欲望。

新媒体广告除传播技术多样外，其传播的表现形式也是多种多样，除了常规的横幅广告、按钮广告、弹出式广告等图形广告，还有文本链接广告、关键字广告、富媒体广告、电子邮件广告、软件广告和电子公告牌广告等表现形式。这为新媒体广告策划与创意打开了更为广阔的天地，运用多种技术手段和表现形式将广告制作得生动有趣，富有感染力，更能够吸引消费者购买。

六、传播成本低廉性

从 2001 年到 2005 年，我国网络营销的市场规模从 4.6 亿元增长到 41.7 亿元，[1]而在 2005 年春晚广告收入达到 4 亿元，零点报时广告 "XX 企业向全国人民拜年" 仅短短 10s，底价 680 万元，不设上限，贺电广告 1000 万元起价，300 万元只能给企业代表一个特写镜头，两者成本差异有天壤之别。

新媒体广告的制作成本低、时间周期短，而传统媒体广告制作成本高、时间周期长，一旦发布很难变更，即使可以修改也要付出很大的经济代价。新媒体广告的制作和发布可以根据企业的经济实力和人员规模来选定不同的方式，一方面可以建立自己的网站进行品牌宣传，一方面可以在门户网站发布广告信息，但无论选择哪种方式，价格都会比传统媒体广告低很多。新媒体广告传播时间的实时性就反映了其传播成本低廉的特点，由于制作和发布的成本相对较低，变更也就显得容易和及时。

第二节　Web1.0时代新媒体广告的分类

一、新媒体广告分类的基本思路

Web1.0 时代新媒体广告还没有统一的分类方式，不同学者和机构制定了不同的分类标准。新媒体广告复杂多变，研究不同类别的新媒体广告特征，应尽量将具有相同特征的广告类型放在一起讨论分析，才能有针对性地从广告技术、形式、策划与创意的表现等方面提出合理的策略。

新媒体广告的分类模式很多。按照表现形式可以分为图形广告、文本链接广告、关键字广告、富媒体广告、电子邮件广告、软件广告和电子公告牌广告

---

[1]　艾瑞.中国网络广告年度报告（2005年市场份额版）[R].

等。按照活动程度可以分为静态、动态和交互式广告。按照受众种类可以分为分类定向和窄告广告。按照新媒体广告的形态即媒体载体可以分为搜索引擎广告、门户网站广告、垂直网站广告和电子商务网站广告。按照网络广告产业规模可以分为网络媒体广告、搜索引擎广告、电子邮件广告、网络软件广告、网络游戏广告、数字杂志广告等。❶

随着互联网技术的快速发展，新媒体广告形式将会层出不穷，丰富多彩。

二、按照新媒体广告的表现形式分类

按照新媒体广告的表现形式，Web1.0时代的新媒体广告可以分为图形广告、文本链接广告、关键字广告、富媒体广告、电子邮件广告、软件广告、电子公告牌广告等。

1. 图形广告

此类广告是静态、动态或交互式的图形广告，以横幅广告为主，还包括按钮广告、漂移广告、巨幅网络广告、全屏广告、垂直式广告等多种形式（图3-1）。

横幅广告又名"网幅广告"或"旗帜广告"，是最常见的广告形式。1997年，我国的ChinaByte传播了第一个商业性网络广告，广告表现形式是468×60像素的动画旗帜广告，这一广告形式从1999年开始逐渐走向成熟。❷2005年品牌图形广告的市场份额达到48.9%，它通常以GIF、JPG、Flash等格式建立图像文件，定位在网页中用来表现广告内容。

从横幅广告的尺寸来看，呈现逐年增大的趋势。按钮广告是横幅广告中尺寸最小的一种，常用尺寸为125×125像素、120×90像素、120×60像素和88×31像素四种形式。它的特点是用作纯提示性广告，没有广告正文。有些按钮广告会在网页上随机移动，这就是漂移广告，能够较好地吸引用户的视线。由于按钮广告、漂移广告尺寸小，限制了广告策划与创意空间的发挥，从2001年起，美国的CNET在网站上首先开始大规模使用巨幅网络广告，其广告幅面可以达到300×300像素，是传统横幅广告尺寸的4倍，并且带有动画效果，给人较强的视觉冲击。我国的新浪、网易、搜狐等门户网站纷纷行动，设计推出了适合各自媒体的大尺寸广告，甚至出现了全屏广告。

从横幅广告的外观来看，横式和竖式广告发展迅速。从2003年起，垂直式广告流行起来，各大门户网站纷纷推出了纵向巨幅广告，还有对联式广告等。2005年中国网络广告各表现形式比例，品牌图形广告以65.2%稳居第一，这也代表着横幅广告是进行企业宣传和品牌塑造的重要方式。

❶ 王成文.中国网络广告第一个十年发展研究[D].郑州：河南大学硕士学位论文，2008：9-12.
❷ 中国互联网广告大事记[J].市场瞭望，2014（6）：1-2.

图3-1 搜狐网站首页的图形广告

（资料来源：http://www.sohu.com/）

2. 文本链接广告

文本链接广告是以一行文字作为一个广告，点击即可进入相应的广告页面。这是一种收费较低、对浏览者干扰最小、但却较为有效的网络广告形式（图3-2）。

2002年10月28日，门户网站"My way.com"诞生，其宣称不刊播任何横幅广告、弹出式广告、音视频广告等，而是采用文本链接式广告和关键字广告。在网页上，每一行文字都是一个广告，点击每一行都可以进入相应的广告页面，用户可以根据自己的需求和喜好进行点击浏览，已经点击过的文字颜色会发生变化，以便有所标识。这种广告减少了用户在浏览网页时横幅广告、弹出式广告、插页广告等形式造成的强制性干扰，具有较好的传播效果。

图3-2 搜狐网站的文字链接广告

（资料来源：http://www.sohu.com/）

3. 关键字广告

关键字广告随着搜索引擎用户规模的扩大逐渐流行起来。当用户在搜索框内输入要查找的关键字时，根据其检索的关键字，通过对文字进行超级链接，让用户进入公司网站，实现广告的目的。这种广告是用户主动搜索和寻求的，因而广告效果较好。广告主可以购买当下流行的关键字，当用户搜索时，自己公司的信息就会显示出来，从而达到进行企业宣传和产品推广的目的。

4. 富媒体广告（声音广告、三维广告、游戏广告、Flash 广告、视频广告）

富媒体广告是运用动画、声音、视频或交互性的广告综合传播方式，通过采用流媒体、声音、Flash、3D 以及 Java、HTML、DHTML、Javascript 等技术实现的广告。它包括声音广告、三维广告、游戏广告、Flash 广告、视频广告等形式。

2005 年，我国网络营销市场细分广告类型比重，富媒体广告占比 2.6%，但其平均点击率达到 1.11%，高出其他广告形式 5 倍。❶ 富媒体广告最大的特点就在于表现形式丰富，给用户带来全方位的感官体验，颇受广告主的青睐，具有很大的市场发展前景。

5. 电子邮件广告

电子邮件广告是由传统的直邮广告发展而来，这种广告形式具有传播范围广、信息量大、成本低廉、针对性强等特点。电子邮件广告主要指的是广告商通过搜集大量的邮箱地址，利用邮件服务器向用户发送广告信息的过程。它还可以通过搭载的形式发送，比如通过用户在电子邮箱中订阅的数字杂志、新闻邮件、软件等资料，可以将广告信息附在一起发送给用户。用户在接收自己订阅的有用信息的同时，也接收了广告信息。相比用户对条幅广告的厌恶程度，电子邮件广告的点击率达到 42%。但是点击率并不能代表造成了良好的广告效果，因为任何一封电子邮件只有点击打开才能知道其中内容。那些不请自来的电子邮件广告也容易被邮箱系统归为垃圾邮件，用户也就会采取直接删除的方式。因此，如何避免电子邮件广告滥发滥放现象，保持电子邮件广告的健康发展值得研究探讨。

6. 软件广告

随着互联网的发展，越来越多的软件充斥在 PC 端，例如 QQ、迅雷、金山毒霸、千千静听等都有数量巨大的用户群。在这些软件的下载或使用过程中，插入广告，称为软件广告或搭载广告。用户对软件的忠实度远高于网页，每天使用 QQ 进行聊天的时候，聊天对话框右端就会出现滚动的广告条，如果碰上用户感兴趣和有需求的广告，用户会自主选择点击查看具体信息。软件开发商通过广告获得收入，用户通过收看广告获得免费使用软件的权利。因此，软件广告逐渐发展为网络广告的新形式，并且比网页广告具有更好的市场前景。

7. 电子公告牌广告

随着天涯、西祠、猫扑、豆瓣等 BBS 社区的创立，电子公告牌广告也成为一种新型广告传播方式。BBS 是一种以文本为主的网上讨论组织，其气氛自由、宽松，而且参与者有种公约式的自觉。在这里可以阅读或发布信息与别人进行交流，因而聚集了各个圈子的人群，在这里可以根据圈子类型的划分来发布广告。由于 BBS 是一个轻松活跃的讨论社区，不宜在上面发布目的性和营利性很强的广告信息，多采用软文广告的形式，较为隐蔽也富有情感，更利于广告信息的传播。

---

❶ 艾瑞. 中国网络广告年度报告（2005年市场份额版）[R].

三、按照新媒体广告的活动程度分类

按照新媒体广告的活动程度，Web1.0 时代的新媒体广告可以分为静态广告、动态广告和交互式广告。

1. 静态广告

静态广告指的是在网页上显示一幅固定的图片，即静态横幅广告，它是 Web1.0 时代早期最常见的广告形式。它的优点是制作简单、成本低，但是显得呆板、枯燥，点击率低。

2. 动态广告

动态广告具有运动的元素，漂移广告、动画广告、音视频广告等都具有动态性。动态横幅广告多采用 GIF89 格式，将一连串图像连贯起来形成动画。大多数横幅广告是由 2 ~ 20 帧画面组成，通过不同的画面和动画效果，给用户传递更多的信息。它的制止也不复杂，相比静态广告点击率高。音视频类型的富媒体广告也是动态广告，具有强烈的视觉和听觉表现力，更能引起用户点击浏览的兴趣，也更受广告主关注。

3. 交互式广告

交互式广告的形式多种各样，常有游戏、插播式、回答问题、下拉菜单、填写表格等，这一类型的广告与用户之间有更多的互动和信息反馈，比单纯地点击浏览广告效果要好。用户在接收广告的同时，参与到广告中来，不仅增加了广告的体验性效果，而且反馈信息能被广告主收集到，从而能够更加有针对性地设计交互式广告。

四、按照新媒体广告的受众分类

按照新媒体广告的受众分类，Web1.0 时代的新媒体广告可以分为分类广告、定向广告、窄告广告。

1. 分类广告

网上分类广告和传统报纸中的分类广告类似，都是把广告按性质分门别类，归入不同的栏目，进行有规则的排列，以便查找。但是网上分类广告具有数据库的功能,能够按照用户的需求进行搜索查询。综合门户网站的分类广告按汽车、旅游、教育、美食、医疗、金融等行业进行细分，每个行业下面又分设子栏目，便于不同需求的用户分类查找，也满足了不同行业广告主的营销要求。不仅门户网站设有分类广告，电子商务网站也是一个聚集分类广告的地方，琳琅满目的商品，按目录形式在网上呈现出来，这给中小广告商提供了一个在网络上发布广告信息的平台，而且不需要支付高额的广告费用。

2. 定向广告

定向广告是根据市场细分传播广告信息，在合适的时间和地点对合适的人进行广告推广,也就是对用户进行筛选的过程。基于 Cookie 等技术跟踪用户行为，

可以搜集大量用户数据，从中挖掘用户的需求和兴趣，从而对其进行精准营销，以节约广告成本，提高广告效率。利用网络定向技术，可以进行地域定向、时间定向、域名定向、浏览器定向等，能够使网络广告的定向达到精细化的程度。

3. 窄告广告

窄告广告是通过运用高端的 Interent 网络技术和特定的窄告发布系统，根据用户的 IP 地址、浏览习惯、所处地理位置而自动选择该用户可能感兴趣的广告进行投放。[1]它的优势是可以直接命中有效客户，从而提高广告投入回报率，避免以往广告信息大面积覆盖式的传播，但是无效用户多。2005 年，"窄告"已覆盖人民网、新华网、新浪网等近 4000 家网站。随着窄告的进一步精确化，有利于中小型企业利用低成本进行小范围、有针对性地投放窄告广告，将自己的产品信息直接呈现给目标客户。

五、按照新媒体广告的形态分类

按照新媒体广告的形态也就是按照媒体载体进行分类，可将 Web1.0 时代的新媒体广告分为搜索引擎广告、门户网站广告、垂直网站广告、电子商务网站广告。

1. 搜索引擎广告

搜索引擎广告市场是我国网络广告市场中增长最快的领域。根据 iResearch 的调研数据，2005 年我国搜索引擎用户数达到 9706 万人，搜索引擎营销收入占比 24.9%，比 2004 年增长了 29.1%[2]（图 3-3）。

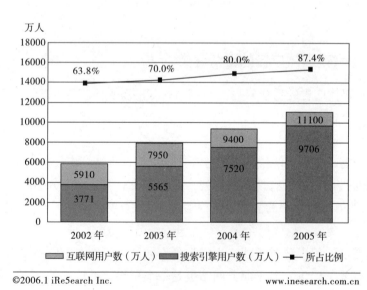

图3-3　2002~2005年中国搜索引擎用户占互联网用户比例

（资料来源：中国搜索引擎年度报告（2005年市场份额版）[R]）

---

[1] 陈洁. "窄告"在分众传播时代的兴起与发展对策[D]. 武汉：华中科技大学硕士学位论文，2008：16-24.

[2] 中国搜索引擎年度报告（2005年市场份额版）[R].

搜索引擎广告主要包括关键字广告、关键字竞价排名广告和网页内容定位广告。关键字竞价排名广告指的是按照广告主出价的高低来确定广告信息在搜索结果中的位置，即所出价格最高者排名第一的广告发布方法。它最大的特点就是采取拍卖竞价排名机制，按照竞价情况排列广告顺序。这种方式存在的最大弊端就是容易出现一些企图利用竞价排名欺诈用户的广告主，因此需要搜索引擎运营商建立良好的审核反馈机制，不能将价格作为唯一的排序指标。基于网页内容定位的广告是搜索引擎营销模式的进一步延伸，广告载体不仅是搜索引擎的搜索结果网页，也延伸到这种服务的合作伙伴的网页，也就是说通过关键字搜索定位的广告显示在搜索引擎之外的相关网站上。

2. 门户网站广告

根据维基百科的定义，门户网站指的是通向某类综合性互联网信息资源并提供有关信息服务的应用系统。门户网站主要提供新闻资讯、搜索引擎、电子公告牌、聊天室、免费邮箱、电子商务、网络社区、网络游戏、影音资讯等服务。因此，门户网站可以说是一个功能强大、服务多样的综合性平台。本书主要讨论的是企业门户网站和综合门户网站。在综合门户网站中，最典型的代表是新浪、搜狐和网易三大门户网站。在2004年，新浪网络广告收入最高，达到5.4亿元，其次是搜狐和网易，分别有4.6亿元和1.6亿元。新浪、搜狐和网易的广告主数量分别是916、954和240个，可见门户网站广告在网络广告中占据重要地位❶。

在门户网站上，最受用户喜爱的广告形式依次是图片式网络广告、文字链接广告、电子邮件广告、搜索引擎广告、分类广告和其他。门户网站的网络广告在制作质量和形式、内容上都有属于自己的特色，但也存在创意不足、广告形式单调、广告涉嫌违规和统计数据不明确等问题。

3. 垂直网站广告

2000年，从横向的综合门户网站向垂直的专业网站转变，是一个值得关注的现象。随着网民数量的快速增长，在2005年我国网民规模达到1.11亿人，网民需求的日益细分使得更专业的信息平台成为网民的选择。与门户网站不同，垂直网站只专注于某一特定领域，将某一特定领域感兴趣的用户与其他用户区分开来，更能长久吸引和留住用户。从商业角度来说，针对某一特定领域的人群做垂直网站更有市场价值，因为其内容服务专一、深入。目前，IT类、网络游戏类、汽车类和房产类垂直网站发展速度最快，中国汽车网、盛大在线和搜房网等都具有独特的特色和资源，也获得了颇丰的广告收入。但垂直网站存在着难以理清产业间各环节之间的关系等问题，如何理清这些关系，在业务上打通上下游的产业，将各领域的服务做得专一、细分，是垂直网站赢取广告市场份额的关键。

---

❶ 中国搜索引擎年度报告（2005年市场份额版）[R].

4. 电子商务网站广告

电子商务网站广告是电子商务平台盈利的一项重要辅助工具，随着消费者网络消费观念的普及，我国网购市场快速发展，从 2001 年的 6 亿元增长到 2005 年的 193.1 亿元，复合增长率达到 138.2%。电子商务指的是利用微电脑技术和网络通信技术进行的商务活动，网上商店是电子商务的一种表现形式，通常有基于 C2C 电子商务模式的网店、基于 B2C 电子商务模式的网店和基于 B2B 电子商务模式的网店这三种模式。我们还可以把电子商务模式分为两种，一种是建立在第三方平台上，属于网络广告的联盟模式，例如阿里巴巴上的客户；另一种是建立在自己的平台上，属于网络广告自主模式，例如 ShopEx。企业一方面可以在类似阿里巴巴这样的第三方平台上开展业务，也可以在 ShopEx 上建立自己的品牌，开展属于自己的广告营销。

第三节　Web1.0时代新媒体广告的变革

一、传播营销理念的变革

1. 传播渠道和传播平台的转变

Web1.0 时代广告信息传播载体向信息传播平台发生转变。传统媒体是信息传播的载体，即将信息发布到媒体上，再由报纸杂志刊登、由广播电视刊播出来的过程。而 Web1.0 时代的网络新媒体是一个信息集成和传播的平台，该平台汇聚了无限量的信息，在这个平台上，用户可以上网冲浪，可以自主搜寻、发布、接收以及反馈信息。

由载体向平台的转变，极大地节省了信息传播的成本，减少了传统媒体业务人员和广告主之间的审稿、签订合同、加工稿件、后续工作、印刷刊登或播出等一系列环节。在网络上不仅可以找广告代理商发布广告，还可以自己在 BBS 电子公告牌、电子商务网站等平台上发布广告。原来企业需要通过传统媒体发布广告来与受众进行信息沟通，而现在企业可以通过互联网平台直接与用户进行实时沟通，这是一个实质性的转变。

Web1.0 时代新媒体广告的出现，不仅突破了时空的限制，还让受众从单一地接收和相信广告信息转向搜索查询和分析比较，从这方面来说受众有了更多自主选择的权利。这种局面催生了"广告传播平台化"的新思维理念。中国传媒大学的黄升民教授认为：广告从简单的传播工具，向集多种交流渠道和多类交流方式于一体的沟通平台演化，这实质上是广告媒体化的一种功能演进。❶ 还

---

❶　黄升民. 分与聚：一个潮流五大关键[J]. 广告大观，2007（6）：25-26.

有学者提出了广告电商化的概念。网络平台的搭建对于汇集用户需求和广告主市场目标有着重要意义，通过电子邮件、电子商务网站、门户网站、搜索引擎、BBS 网络社区、垂直网站等渠道，广告的传播不再局限于报纸、电视、广播，也打破了三大传统媒体广告市场的垄断地位。越来越多的广告主选择在互联网平台上投放广告，因为其不仅渠道多元，还有着形式多样、成本低廉、传播实时、覆盖范围广、网络交互、信息丰富等特点，有助于广告商的成本控制及广告效果的提升。

2. 静态传播和动态传播的转变

Web1.0 时代广告信息传播由静态向动态发生转变。这种动态转变体现在以下几个方面：首先，广告形式由静态向动态转变，在传统纸媒刊登的广告都是静态的文字或图片，广告形式单一；而新媒体广告的形态则可以是静态、动态和交互式的，例如富媒体广告、漂移广告等，广告形式多元。其次，广告传播的时间由静态向动态转变，在传统报刊、广播、电视媒体上刊播的广告信息，在一定时间内很难变动，信息量是保持不变的；而通过网络平台发布的广告信息，可以 24h 无间断地发布，随时更新，而且信息量呈爆炸式增长趋势，例如，在天涯、猫扑等 BBS 社区上发布一条广告信息，由于其组织气氛的轻松、自由，任何人在任何时间，只要具备上网条件，都能够参与到这些信息的讨论中来，形成了动态的互动反馈。最后，广告运作由静态向动态转变，传统媒体上刊播的广告信息，呈现给受众的都是广告产品本身，在整个广告的策划与制作过程中，受众处于被动的静置状态，所有的环节全部由广告从业人员完成；而新媒体广告由于互联网平台的开放性，可以将整个广告的运作过程公开化，让受众参与进来，例如，可以发动网民参与设计广告词和 Logo 等，也可以将公司设计的广告产品发布在网上，让受众提出修改意见，与受众进行互动，不断完善广告内容。

3. 被动接收和主动参与的转变

Web1.0 时代广告信息传播由受众被动接收信息向主动参与传播信息转变。由于传统媒体受到版面或播出时段的限制，传统媒体广告为了扩大影响力，往往会大面积投放，力争最大范围地覆盖到更多受众，所以其刊播的广告信息不可能都是受众所关心和需要的。报纸杂志上刊登的广告如果没有兴趣还可以翻页，如果是收听喜爱的广播或电视节目时，中间插播的广告便只能选择被动接收。而且受众不能自主搜索和寻找自己感兴趣的广告信息。

然而，随着 Web1.0 时代的到来，互联网技术的发展促使广告信息传播具有海量性和交互性，受众不再被动地接收广告，而是可以在网上通过门户网站、搜索引擎、电子商务网站、垂直网站等进行自主选择和搜索，还能参与到交互式的广告中来，通过游戏、插播式、回答问题、下拉菜单、填写表格等形式参与互动和反馈。随着受众角色的转变，广告传播效果也发生了一定的改变，Web1.0 时代从一定程度上来说实现了精准营销的初级阶段，广告主可以通过跟踪用户在网上的行为，分析其需求和喜好，有针对性地向这类用户通过电子邮件等方式推送广告信息。一方面节省了广告商大面积投放广告的成本，一方面也提高了广告预期效果。

4. 售卖模式和广告价格的转变

Web1.0时代广告信息传播由售卖时段和版面向售卖资源和注意力转变，并且广告的价格也发生了转变，网络广告相比电视媒体广告，价格低廉很多。传统媒体由于版面和时段的限制，根据版面的篇幅和位置，时段的长短和时间来定价，由于信息容量有限，价格一般比较高昂。然而，新媒体广告的出现，颠覆了广告的售卖模式和价格。在Web1.0时代,通常采用每千次/人成本、点击、"平台"费，按访问者计费，按实际效果、拍卖、混合价格和按位置、广告形式综合计费等定价模式。但是，网络广告由于种类繁多，新形式层出不穷，缺乏价格衡量的参照物，没有统一的收费标准。还有些定价模式存在较大风险，例如百度的竞价排名机制，广告主出价的高低决定了广告信息在搜索结果中的位置，即所出价格最高者排名第一，但是并不是广告产品的性价比一定最高，如果审核不严格还容易出现利用竞价排名方式欺诈用户的广告主。因此，随着技术的发展，我们应该根据市场的运作方式，制定出一套标准的价格体系和监管机制。

二、广告策划与创意的变革

1. 传统媒体的策划与创意过程

传统媒体的广告策划与创意过程中，一般包括策划创意与制作两部分人员。策划创意人员一般包括策划总监、创意总监、策划专员、创意专员、美工、文案等。在策划与创意总监的整体管控下，负责公司的策划与创意管理，把控公司的策划与创意质量。策划与创意专员、美工和文案等以总监为核心领导，组成创意团队，完成领导分配、布置的策划与创意的任务。制作人员一般包括平面广告设计、制片人、广告印刷和发行人员。这些人员负责把策划与创意具体制作出来，形成平面广告或者音视频广告，然后由广告业务部与媒体进行洽谈、投放等环节。

2. Web1.0时代新媒体广告策划与创意的新特点

Web1.0时代新媒体广告策划基本的运作需要遵循传统广告策划的一般原则和方法，但是在很多环节上，会采取不同的策划方式。在Web1.0时代，互联网就像一个浩瀚的电子"图书馆"，其本质是与互联网的联合。其策划与创意出来的广告除了传统的报刊、广播、电视等，还增加了互联网后端基础结构上的平面广告展示等。广告策划与创意迈入了互联网展示时代，在这个时代，广告策划与创意呈现出以下新特点。❶

---

❶ 郭九毓，汤晓山. 新媒体技术下的网络广告创意表现[J]. 西安电子科技大学学报（社会科学版），2014（1）：61-64.

第一，Web1.0时代广告策划与创意媒体的选择发生改变。新媒体广告要建立在网络平台之上的媒体体系中，符合网络的特点。Web1.0时代广告策划与创意已呈现进行多种选择与组合营销传播的趋势，仅凭单个媒体或传统媒体很难取得良好的广告策划与创意效果。在Web1.0时代，可以选择的网络媒体种类相比传统媒体已经很多，如：电子商务网站、门户网站、垂直网站、搜索引擎网站等。利用网络媒体的信息海量性、内容丰富性、形式多样性等特性，进行新媒体广告策划创意与营销活动。

第二，Web1.0时代广告策划与创意呈现分众化趋势。在Web1.0时代，随着网民数量的增加，受众也从大众转向分众。新媒体广告策划与创意的过程鼓励受众积极参与，深入细致地研究不同受众的生活习惯、消费行为、消费心理和媒介接触行为等，促使发布出来的广告要符合受众的需求，提升受众的满意度，减少受众排斥和厌恶广告的心理。

第三，Web1.0时代新媒体广告策划与创意体现了对传播理论的创新性。传统广告策划与创意体现的主要是4P和4C理论，然而随着Web1.0的发展，网络营销策划创意打破了传统的线性模式，由具体化、细节化转向框架与整合。整合营销的关键在于重视消费者的行为反应，与消费者建立良好的双向沟通。Web1.0时代还只处于起步阶段，例如游戏、插播式、回答问题、下拉菜单、填写表格等交互式广告，这些广告的策划与创意注入了互动的新理念。

第四，Web1.0时代新媒体广告策划与创意有效地控制了运作成本。降低广告策划与创意的成本，能够让利于消费者。企业成本费用的控制是新媒体广告营销带给企业最直接的竞争优势。新媒体广告策划与创意采取新的模式与方式，这对于企业内部资源的整合、组织架构的调整来说，变化都是较大的。

第五，Web1.0时代新媒体广告策划与创意改变了受众的消费观念与方式。随着网络广告和电子商务的发展创新，物流和支付体系的构建，新媒体广告不再仅仅是信息的呈现，消费者点击浏览广告后，可以直接在线购买他们需要和感兴趣的商品。因此，广告策划与创意不仅是要引起受众的点击欲望，还要能激起受众即时购买的兴趣，使受众向网购消费者角色进行转变。

第六，Web1.0时代新媒体广告策划与创意的评价标准发生转变，从追求相关性、原创性、震撼性到可搜索性、可参与性、可标签化。例如，要接受"点击率"的考验。传统媒体中只有一些招商广告、促销广告、电视购物栏目等需要接受受众的即时反馈外，报刊刊登和广播电视刊播的创意广告一般主要起的是树立公司品牌形象的作用，不需要接受即时考验。该创意广告效果好不好，需要一段时间后，通过进行消费者市场调查得知，但不可能做到精确的调查评估。但是，Web1.0时代的创意广告，则是凭受众"点击"广告进行实时反馈，很多广告主根据点击率付费，这对策划创意人员的要求更高了。

第七，Web1.0时代要求广告策划与创意人员掌握互联网技术知识。传统媒体的平面广告、广播广告、电视广告等，文案始终是最关键的，其他制作过程可以由美工、制片人等来完成。但是，网络广告和技术联系十分紧密。在广告策划与创意时，横幅广告、电子邮箱广告、搜索引擎广告、富媒体广告等都需要技术的支持。如果策划与创意人员不懂这些，很难设计出符合互联网时代特色的广告，当然我们也不能盲目崇拜技术，定位、概念和诉求点仍是策划与创意的核心。

3.Web1.0时代新媒体广告创意的新模式

Web1.0时代，除了延续传统媒体创意的模式，将传统媒体图片、文字、声音、视频广告搬到网络上来形成电子版广告外，还出现了一些新型创意模式，例如Digg模式和虚拟社区的合作分享模式等。Digg的关键是发动受众进行新闻挖掘，让用户来做编辑。而且网页的首页放哪些内容，都由网民把关。在Digg平台上，添加互动元素，那么广告创意可能只是一个开端，通过查看用户的评论，或许有更多价值。虚拟社区合作和分享模式指的是Web1.0时代的BBS，如天涯社区、校园BBS等。由于社区轻松、自由的氛围，任何人都可以参与其中的讨论，因而虚拟社区汇集了网民的集体智慧，网民共同参与广告活动，其创意和传播的价值都更大。

4.传统媒体和新媒体的创意革命

在Web1.0时代，技术的发展、模式的变化、策划与创意新特点的呈现，引发了一场传统媒体和新媒体的创意创新。在新媒体环境下，创意活动的过程可以让受众参与进来，虚拟社区组织的创意活动可以和传统企业广告创意部门结合起来，积极发挥网民的力量，进行资源整合，从而使得广告传播的效果最大化。

第四节　Web1.0时代新媒体广告策划与创意的案例研究

一、搜索引擎广告

1.北大青鸟体系网站的搜索引擎广告

1999年，北大青鸟IT教育公司成立，依托北京大学的优质教学资源和印度最大的IT实训公司AP Tech联合，在市场上处于遥遥领先地位。2000年开始向全国范围，以连锁经营的模式扩张。随着互联网技术的飞速发展，技术人才需求量大，华育国家、安博教育、达内科技、新华电脑教育等IT培训企业不断涌现，从刚开始的 20 家迅速增至近百家机构。如何在这些培训机构中保持领先优势，北大青鸟通过在搜狗搜索、百度搜索等搜索引擎上进行大规模关键词推广，超越了其他竞争者。

在百度、搜狗等搜索引擎网站上，输入 IT 培训、电脑培训、软件培训等相关关键词，推广中北大青鸟所占比重高，广告位置显眼。在搜狗搜索的网页上，右侧出现的全部是北大青鸟校区，职业教育栏北大青鸟排在首位。在百度搜索的网页上，搜索结果第一条就是北大青鸟 IT 武汉培训。

从北大青鸟的案例分析来看，其搜索引擎营销的成功在于采取了以下四个策略：覆盖尽可能多的关键词，在多个搜索引擎同时投放广告，发挥企业的集群优势，扩充数量以提高品牌知名度。尽管北大青鸟属于 IT 培训行业，具有一定的行业局限性，但其搜索引擎营销的成功方案仍然值得其他企业学习借鉴，特别是全国连锁型的企业。❶

2. 百度搜索引擎广告

百度从 2000 年成立发展至 2003 年，推出了 MP3 搜索、图片搜索、新闻搜索、地区搜索、贴吧搜索、高级搜索、时间搜索和新闻提醒，确立了竞价排名机制，让搜索引擎步入社区化时代。2004 年，百度收购 123 网址之家，百度广告以每日每字千金，创下我国网络广告天价。2005 年在美国纳斯达克上市后，又推出百度知道、百度百科，进军知识搜索领域。

根据 iResearch 的调研数据，2005 年我国搜索引擎用户数达到 9706 万人，占互联网用户的 87.4%，用户日均使用搜索引擎次数达到 6.1 次，比 2004 年增长了 29.1%。从用户经常使用的中国搜索引擎市场份额来看，百度在 2005 年以 87.5% 稳居第一位，其次是谷歌、雅虎和搜狗搜索。不论在 MP3 搜索、图像搜索、新闻搜索等领域，百度都处于绝对领先地位。

百度搜索引擎的成功体现在其营销策略和服务策略上。在营销策略上，首先，百度主要采用的是搜索引擎优化策略，该策略可以最大限度地提高所输入的关键词在搜索结果中排名靠前的机会。其次，百度采用全新的"竞价排名"机制，就是将企业的产品、服务等以关键词的形式在百度搜索引擎平台上作推广，该机制能够让企业以最小的投入获得最大的回报。搜索引擎按照点击量对网站进行计费，竞价排名的结果与检索结果同时显示在检索页面的左侧，对于购买了相应关键词排位的商家，其产品信息和相应网址链接会出现在检索结果的前几位。最后，百度在 2003 年和 2005 年先后进入社区化搜索和知识搜索领域。"百度贴吧"、"百度知道"、"百度空间"组成了百度搜索社区。社区化和互动化的模式，使百度搜索引擎广告的目标更精确，引起广告主的投放兴趣。在服务策略上，百度的人性化和个性化服务，也为其带来了用户的忠诚度以及与广告主的合作。

---

❶　王成文，莫凡. 网络广告案例评析[M]，武汉：武汉大学出版社，2011.

二、门户网站广告

1. 企业门户网站广告——可口可乐

根据中国互联网发展中心调查数据，从 2000 年到 2005 年，中国的网站总数平均每年增长 27%，其中企业网站平均每年增长 23%，即我国网站数量从 18.5 万发展到了近 70 万。❶

作为企业的门户网站，是企业进行品牌宣传和产品信息发布的平台，同时也是开展电子商务活动的基础平台，这一点有别于综合门户网站。可口可乐中文网站在 2000 年 8 月全面开通，目前包括品牌家族、百年光阴、可持续发展和乐在影音、职场人生等 8 个板块，网页背景是可口可乐标志和标准红色（图3-4）。

图3-4　可口可乐中文网站首页

（资料来源：http://tccc-prod-journey-cn-zh_www-vhost.adobecqms.net/）

该网站具有以下广告功能：展示了可口可乐企业的形象，发布了企业资讯，建立了用户管理平台。在网站首页，可以看到"百年摩登弧形瓶"等互动活动，发动广大网民参与到广告策划创意中来。另外，可口可乐曾发起线上线下"好友运动局"互动活动，通过"悦跑圈"，组团跑步，凭跑步距离可兑换可口可乐饮品。通过企业门户网站，可口可乐保持了线上、线下广告的连续性和一致性，不仅树立起良好的企业品牌形象，也在无形之中提升了广告传播效果，从而促使销售额上升。

2. 综合门户网站广告——新浪

新浪作为我国网络媒体的领先者，其网络新闻是伴随中国足球的发展而成

❶　中国互联网络发展状况统计报告［R］，2005.

长起来的。从 1999 年到 2004 年，新浪的净营收额从 657 万美元增长到 19999 万美元，2004 年新浪门户网站平均日访网民覆盖数在所有门户网站中位居第一，6 月达到最高访问量 119750 人／天。新浪门户用户最喜爱的网络广告形式依次是图片式网络广告、文字链接式广告、电子邮件式广告、搜索引擎广告、分类广告和其他。

以新浪为代表的综合门户网站，作为新闻、信息的重要载体，网络广告收入一直占据着重要地位。首先，从新浪网广告的形式及内容来看，以横幅广告、通栏广告和定位广告为主，还有一些插播广告、赞助广告和促销广告等。其表现形式具体为：按钮广告占比 67.49%、通栏广告占比 19.28%、对联广告占比 3.36%、自动弹出广告占比 3.36%、定位广告占比 5.83%、多媒体广告占比 0.67%。2001 年 2 月新浪网率先在国内推出巨幅广告，也称画中画广告。2002 年与"互动通"公司签订唯一门户网站技术联盟，引入了视窗广告。至 2005 年，新浪又先后推出焦点插播插页广告、广告产品位置规划、富媒体广告和涂鸦产品等。其次，从新浪网的广告类型来看，动态广告居多，占比 71.3%，静态广告占比 28.7%。再次，从新浪网的广告尺幅来看，以 140 和 300 个像素点为界，将尺幅划分为小、中、大三种类型，大、中、小尺幅广告分别占比 73.09%、24.44%、2.47%。另外，从新浪网的广告位置来看，网页打开时首先呈现的页面叫作"首屏"，"首屏"中出现的广告位置归为"上"部，出现在网页最末端的广告归为"下"部，其他区间为"中"部。上、中、下三种位置的广告占比分别为 23.09%、50.22%、26.68%，可见"上"、"下"的广告密集程度较高。最后，从新浪网自身广告归类来看，信息类广告占比最多，达到 60.31%，其次是服务类和产品类。❶

2004 年，我国网络广告规模达到 19 亿元，新浪网的网络广告收入达到 5 亿元，可见其在市场份额中的领先地位。新浪的商业模式是信息模式，盈利以在线广告为主，辅以移动增值服务、网络游戏和电子商务。截至 2004 年，新浪免费邮箱用户增长近 1000 万户，这些庞大的用户群是新浪网的宝贵资源。门户网站由大而全趋向频道细分，新浪网的专业频道包括科技、财经、教育、旅游等，几乎涵盖了所有领域。在某些频道，会以外包的形式经营，如新浪网的招聘频道外包给中华英才网，中华英才网向新浪网支付费用；还有一些广告会以"赞助"的形式出现在新浪网的特定广告位置。2004 年，与新浪网有合作的广告主共 916 个，位居门户网站第二。也就是说有众多的广告主选择在新浪网上以多种形式投放广告，如 2002 年国内首个 iCast 广告——《英雄》在新浪网发布，2003 年新浪网中国移动"关键时刻"、"中国移动积分计划"、中国移动"随 e 行"，2004 年新浪网以"新浪贺卡频道总冠名＋贺卡卡位推广"的方式对东信手机进

❶ 李永红.我国主要门户网站网络广告研究——以新浪网为例[J].新闻世界，2012（9）：159-160.

行网络广告策划营销，2005 年在新浪网首页可以看到可口可乐和百事可乐的轮番疯狂流媒体广告，随后通过"神舟六号"正式推出视听广告，并在当年年底与水晶之恋广告主合伙推出涂鸦产品。

总之，以新浪网为代表的综合门户网站在 Web1.0 时代迎合了广告主的需求，又结合了广大受众的特点，通过提供优质的内容获得网站访问量，从而赢得了丰厚的广告收益。

三、垂直网站广告

2000 年，由横向的综合门户网站逐步转变成为垂直的专业网站，是互联网领域值得关注的现象。我国迈入了"内容＋商务"的垂直平台模式，主要体现在房地产、游戏、汽车、IT 类垂直网站的快速发展，它们以其独特的特色和丰富的资源获得不菲的广告收入。

以 1999 年成立的搜房网为例，它是我国最大的房地产垂直网站，拥有最新、最大、最全的房地产项目数据库，提供超过 4.5 万个物业项目的详细资料。搜房网的盈利模式主要有三个方面，一是靠内容服务，包括网站资讯、广告、出版、培训等；二是靠应用服务，出售营销工具、建立网络平台、提供解决方案；三是靠交易费用，网上房地产拍卖等平台服务的中介费用。❶ 与综合门户网站的房地产频道不同，搜房网是面向大众的垂直纵深型房地产专业网站。为了在全国范围推行"百城战略"，搜房网出资 800 万元购得网易房地产频道内容及广告的制作经营权。2005 年，搜房网的广告收益达到近 2 亿元，占据中国网络房地产广告市场 50% 的份额。其中，搜房资讯占比 60%，其次是指数研究院、二手房和家居，网络广告占比 42%。合作商户包括百安居、马可波罗、居然之家等 1000多个商户。其先后成功地举办了大自然地板 30 城网络直购节、居然之家杯精英设计大赛等网络营销活动。

汽车垂直网站是电子商务网站模式的一种，在国外，这类网站提供信息服务，盈利模式是通过电子商务赚取交易费。然而，国内则属于电子商务中广告支持的盈利模式，这些网站通过内容吸引受众，然后通过广告获得收入来源。我国主要的汽车垂直网站有中国汽车网、汽车天下、汽车之家等。还有盛大在线游戏垂直网站，从 2005 年起旗下的《传奇》等主力游戏采取免费的方式提高在线人数，利用游戏增值服务获得收益。由盛大制作的世界最大游戏广告登录上海地标建筑金茂大厦，这无疑是立意争取游戏行业第一的地位。

但是，随着互联网的快速发展，垂直网站靠专业领域广告投放为主要盈利来源的业务模式受到挑战，仅靠信息模式的垂直网站很难持续发展，这也是Web1.0 时代垂直网站广告存在的潜在威胁。

---

❶ 徐晓丽. 房地产网站盈利模式探析[D]. 济南：山东大学硕士学位论文，2011：35-45.

四、电子商务网站广告

淘宝网由阿里巴巴公司创办,是我国领先的个人交易网上平台。自成立以来,在短短两年时间之内,占领中国网购市场份额的74.7%,成为我国C2C电子商务的领头羊,这和淘宝网的营销密不可分。

淘宝网在早期为了打败易趣,首先,采取免费策略,对在淘宝网上购买过商品的认证会员,享受三年内不收取交易服务费的优惠,而且有与广告商进行即时沟通的工具"淘宝旺旺",促进了在线交易的快捷进行。其次,由于易趣与新浪、搜狐和网易签署了排他性协议,禁止其他个人电子商务公司在三大综合门户网站上发布广告信息。这对新生的淘宝网来说无疑是一个巨大的打击,所以淘宝网开始走农村包围城市的广告路线,以较低的价格在成百上千个小网站上投放淘宝网广告,正是这些众多的小网站积聚起来,形成了强大的影响力。最后,淘宝网和《天下无贼》进行合作,还在新浪与搜狐和易趣解除排他性协议后,与搜狐联手,在搜狐上发布淘宝网广告信息。

淘宝网在电子商务模式上的抉择也面临挑战。在2004年,用户覆盖整个C2C、B2C、B2B领域,支付宝用户注册数达到9100万,交易金额达4.3亿元,交易数量超过180万次。淘宝网的目标用户很明确,个人网店、企业网商和中小网站及广告主。与第三方支付宝和第三方物流合作,通过支付宝、网络广告和开发B2C业务进行盈利。问题在于,首先,淘宝网初期采取免费的策略,如果未来达到一个用户规模,再采取收费模式,会不会造成用户流失。其次,淘宝网是一个全新的产业,其支付体系、物流体系、安全性、质量、盈利模式等都受到人们的质疑。淘宝网起初的C2C模式,无法让销售领域扩展到各行各业。后期的淘宝网完成了C2C向新B2C模式的转变,新的B2C模式就是帮助厂商赚钱,消费者省钱,将商家直接推到消费者面前,最大限度地减少中间环节的成本。这种新型的B2C模式不需要像传统的B2C模式那样建立物流体系,使得淘宝网的发展无可限量。

淘宝网的成功还在于其广告策略,初期利用大量中小型网站进行口口相传,并且在推广策略中不断整合资源。一方面,淘宝网的企业网站就是一个很好的信息传播、品牌推广的平台,在淘宝网页上可以分门别类地查询各式商品详情。另一方面,淘宝网采用了搜索引擎关键字广告和电子邮件广告营销方式,极大地提升了客户资源和顾客忠诚度。最后,淘宝网为了创建诚信、轻松、服务至上的网上商店,通过淘宝旺旺即时通信工具,让顾客与商家进行实时交流沟通,及时服务顾客,并且给广大网民提供了创业机会。

五、网络论坛广告

1999年创立的天涯社区是我国访问量最高、覆盖范围最广的社区类网站,是我国第一个BBS社区。BBS网络社区以开放、自由、包容的气氛网罗了大批网民，包括1000多家媒体记者等各类社会舆论领袖。2005年，其注册网友超过2000万，每日发帖量达5万篇，并且根据CNNIC调查统计，我国有43.2%的网民经常使用BBS社区论坛。

天涯社区广告营销产品包括会员制广告服务、网络PR、常规广告和虚拟物及其他产品四个模块。会员制广告指的是企业可以发布服务信息、与网民互动，帮助企业在天涯社区建设品牌传播平台。网络PR指的是利用天涯社区强大的用户访问量和舆论影响力，进行话题营销和活动营销。常规广告指的是在天涯社区首页、板块首页、内页、聚焦页等网页上以图片、文字、音视频等方式发布的广告推广信息。虚拟物及其他产品包括在天涯社区开设新版论坛、开设板块子类别、板块多媒体软文置顶帖、壁纸广告、直邮广告等营销方式。天涯社区在国内首创新的社区营销模式adtopic，也称为话题营销，通过人工和技术的方式，进行广告和对应版面的匹配，从而达到精准投放的目的。举例来说，必胜客冰洋真鳕携手天涯，共同打造社区最"深"帖。在天涯社区，建立了活动互动平台，以硬性常规广告推广和个性化活动方式在互动专区进行引流，推动更多网民参与其中。这次发帖在天涯社区上获得超过350万次的曝光，近4000名天涯网友参与了活动，活动共抽选120名获奖人员互动体验了必胜客产品理念，为必胜客建立了良好的产品和品牌形象，拉近了网友与品牌间的距离。在天涯社区上，还有很多事件营销案例，如天涯社区发起的《麻辣鲜妻》网络营销等。❶

贴吧是网络社区和BBS的变异产品，贴吧将志同道合的人聚集在一起。其组建依靠的是搜索引擎关键词，不论是大众话题还是小众话题，都能精准地聚集大批具有共同兴趣爱好的网友。在百度贴吧、校园BBS论坛等网络社区聚集着各式各样的群体，因而在贴吧上发布广告信息，同样能取得较好的传播效果。糖果市场的种类繁多、竞争激烈。大白兔、徐福记、金丝猴、阿尔卑斯等都是老品牌，拥有大量忠实的消费群体。雅客糖果想进军糖果市场，不采用独特、新颖的广告传播方式，很难占据较大的市场份额。在激烈的竞争环境下，雅客食品有限公司在2004年和2005年分别开办了雅客百度明星贴吧，选用红遍大江南北的人气组合"Twins"和"SHE"代言雅客糖果广告，由于明星的代言，雅客百度贴吧在众多的糖果品牌中脱颖而出，吸引了大量网民的眼球。在贴吧中，我们可以看到明星为雅客代言的广告图片和视频，在贴吧进行发帖和回帖的都是SHE和Twins的忠实粉丝，然而，她们更多地关注的是明星而不是雅客产品本身。网络贴吧充斥着大量广告信息、多样化广告信息来源及表现形式，如何在贴吧中将自己的产品成功推广，值得探讨。

---

❶ 王成文，莫凡.网络广告案例评析[M].武汉：武汉大学出版社，2011.

一方面，通过明星代言提高粉丝的忠诚度和黏性；一方面，在贴吧上应该以软文的形式植入广告，通过情感营销方式感染粉丝，并且注重明星与产品的结合，以此来达到广告预期效果。

六、电子邮件广告

2004年我国电子邮箱数量总量达到2.1亿，2005年增长率29%，总数量接近2.7亿，企业邮箱市场规模达到1.3亿元。❶电子邮件营销可以用最低的成本实现最大的推广力。国外权威机构的调查结果显示：中小型企业网站的访问者构成情况如下，20%~30%的人通过搜索引擎访问公司主页，而有50%~60%的人是收到邮件后访问公司主页。

电子邮件营销主要包括三种方式，一是通过用户在电子邮箱中订阅的数字杂志、新闻邮件、软件等资料，将广告信息附在一起发送给用户；二是邮箱底纹广告；三是基于邮件内容分析的定向广告。相比普通广告信息，包含促销活动或者有奖问答等形式的电子邮件广告更容易被用户接受。例如，摩托罗拉企业，其电子邮件广告营销在销售中起到了不可磨灭的作用，该公司通过网友俱乐部的形式，向注册的会员发送邮件，详细介绍新产品的性能、价格等，并且不间断地举行赠送礼品和抽奖等活动，以增强网友对俱乐部的关注度。还有优衣库的电子邮件营销也十分成功，通过发送电子邮件邀请函，将对优衣库感兴趣的淘宝会员，转化为优衣库的活跃用户。通过向新老会员发送电子邮件杂志，开展电子邮件营销，半年时间内优衣库的活跃用户增长了70%，电子邮件营销渠道产生了约20%的销售额。还有些小型企业通过生日电邮等方式进行营销，淘宝茶叶店主针对每位客户，给他们发电子邮件，希望他们填写家庭成员生日及对茶叶的喜好，以此建立和维护客户关系，每逢客户生日时，店主都会寄上一份生日茶，这种友情营销方式也提升了淘宝店的营业额。❷

目前，采用电子邮件营销的企业越来越多，我们经常可以在邮箱中收到当当网、亚马逊网、教育培训网、旅游网、酒店网等发来的电子邮件广告，用户根据需求和兴趣，通过电子邮件里的链接进入网站主页，挑选商品，从而达到提高销售额的目的。但是，随着邮件营销的泛滥，服务器过滤机制越来越严格，很多诸如广告推广的电子邮件可能直接被视为垃圾邮件。因此，为了提高电子邮件广告的阅读率，通过电子邮件营销提高销售额，做好邮件标题，重视邮件内容，是重中之重。

---

❶　2005年中国电子邮箱研究报告[R].

❷　张书乐.实战网络营销——网络推广经典案例战术解析[M].北京：电子工业出版社，2015：311-326.

第五节 Web1.0时代数字营销关键词

一、流量

由中国互联网协会组织起草的《互联网服务统计指标 第1部分：流量基本指标》，于2010年12月29日经工业和信息化部批准发布。据悉，该标准是我国互联网行业首个服务标准。中国互联网协会于2008年年底组织我国互联网业界9个单位成立了网站流量指标专门工作组，组织开展网站流量指标的研究和标准起草工作。整个起草工作历时一年多，经过起草、专家论证、征求意见等阶段。其间，邀请多家国内知名数据机构以及众多互联网企业代表和媒体参与研讨，在认真听取各方建议和意见的基础上反复论证并修订草稿，为标准的完善制定和顺利出台奠定了坚实基础。

据悉，该标准对"独立IP地址数"、"独立访客数"、"页面浏览量"、"访问次数"和"访问时长"等五个互联网站点流量常用的基本指标分别进行了明确的定义，以规范国内互联网行业对站点流量的统计和测量，以及相关指标的应用(表3-1)。

互联网站点流量常用基本指标　　　　　　　　　　　表3-1

指标名词	指标定义	指标说明	指标分析
独立IP地址数[1]	在一个统计周期内，访问统计对象的所有用户使用的不重复IP地址数	在一个统计周期内多次访问同一统计对象时，该IP被计算为一个独立IP数。独立用户数更能反映一个网站的用户规模，而独立IP数可以精准地定位网站用户的地域分布，当我们一个局域网内有30台电脑，公网IP只有1个的时候，当大家都在访问同一个网站的情况下，我们视为独立用户数是30人，而独立IP数是1个	该指标可以直接反映被统计网站的用户规模
独立访客数(Unique Visitor，国家标准)[2]	在一个统计周期内，访问被统计对象的不重复访问者之和	统计周期通常有分钟、小时、天、周和月等，也可以按需设定。被统计对象包括网站、频道、栏目、专题、网页和视频等互联网应用。不重复访问者可以通过客户端软件模式、Cookie模式或其他方式统计。基于客户端软件模式进行统计，是指通过在用户上网终端安装第三方统计软件识别访问者身份，并以此获取不重复访问者的数量。在客户端模式下，数据的准确性与客户端的样本数量、样本分布和计算方法等有关。基于Cookie模式进行统计，是指通过在访问者使用的浏览器中加载第三方Cookie而识别访问者的身份，并以此获取不重复访问者的数量。在Cookie模式下，数据的准确性与Cookie的存活期等有关	独立访客数通常反映被统计对象的用户覆盖规模

---

[1]　缔元信网络数据http://www.dratio.com/2012/0517/148840.html。

[2]　CNZZ中文互联网数据统计分析服务提供商http://data.cnzz.com/type/zhibiao.php。

续表

指标名词	指标定义	指标说明	指标分析
页面浏览量（Page View，国家标准）	在一个统计周期内，独立访客访问被统计对象时所浏览的页面总和	统计周期通常有分钟、小时、天、周和月等，也可以按需设定。被统计对象包括网站、频道、栏目、专题、网页等互联网应用。在计算页面浏览量时：基于客户端软件统计模式，连续刷新同一页面不进行重复计，单页打开时间小于3s不计。基于页面嵌入统计代码模式，通常代码布于页面底端，代码未被读取的浏览行为不被计为页面浏览量。非用户主动行为浏览（如蜘蛛程序、机器人程序抓取网页等）不计为页面浏览量。弹窗、动态页面刷新等产生的浏览量，建议用其他指标反映	页面浏览量通常反映独立访客使用被统计对象的服务的总量规模
访问时长（国家标准）	在一个统计周期内，独立访客访问被统计对象的累积停留时间	页面浏览时长，是计算访客访问时长的基本单元。统计周期通常有分钟、小时、天、周和月等，也可以按需设定。被统计对象包括网站、频道、栏目、专题、网页和视频等互联网应用。页面访问时长是计算被统计对象停留时间的基本单元。页面访问时长的起点以独立访客打开网页并被至少计为一个页面浏览量为准。页面访问时长的终点界定与不同统计方法和应用目的有关，典型的统计方法如关闭当前网页、打开一个新网页和页面打开时间超过行业经验值（不同类型网站的行业经验值长短不同，超出部分不被计算为页面停留时间）等	访问时长通常反映独立访客对被统计对象服务的需求或喜好程度。在实际应用中通常使用均值来体现该指标的价值，如人均访问时长、平均单次访问时长、页面平均访问时长等
访问次数（Number of View国家标准）	在一个统计周期内，独立访客访问被统计对象的次数之和	统计周期通常有分钟、小时、天、周和月等，也可以按需设定。被统计对象包括网站、频道、栏目、专题、网页和视频等互联网应用。独立访客对一个被统计对象的一系列访问行为，若相邻两个访问行为间隔不超过30min则计入一个访问次数，超过30min则计入下一个访问次数。独立访客访问行为的有效性，与访问行为主动与否、被统计对象的服务模式和技术手段等综合因素有关	访问次数通常反映独立访客使用被统计对象服务的频度

（资料来源：缔元信网络数据http://www.dratio.com/2012/0517/148840.html；
CNZZ中文互联网数据统计分析服务提供商http://data.cnzz.com/type/zhibiao.php.）

二、电子商务

1. 世界电子商务大会的定义 ❶

1997年11月6日至7日，国际商会在法国首都巴黎举行一次世界电子商务会议（The World Business Agenda for Electronic Commerce）。全世界各国商业、信息技术、法律等领域的专家和政府部门的代表参加了这次会议，其中有一项重要内容是共同探讨电子商务的概念问题，大会结束时发布的电子商务权威性

❶ 张润彤.电子商务概论[M].北京：电子工业出版社，2003.

定义为：

电子商务（Electronic Commerce），指实现整个贸易活动的电子化。它涵盖的范围可以定义为：交易的各方以电子贸易的方式，而不是通过当面交换或直接面谈方式进行的任何形式的商业交易活动；从技术方面可以定义为：电子商务是一种多技术应用的集合体，包括交换数据（如电子数据交换（EDI），电子邮件（Email））、获得数据（如共享数据库、电子公告牌（BBS））以及自动捕获数据（如条形码、IC卡应用等）。

2. 世界贸易组织的定义

国际组织世界贸易组织（WTO）在其《电子商务》专题报告中，对电子商务的定义是：电子商务是通过电信网络进行的生产、营销、销售和流通活动，它不仅指基于因特网（Internet）上的交易活动，且指所有利用电子信息技术（IT）来解决问题、降低成本、增加价值和创造商业和贸易机会的商业活动，包括通过网络实现从原材料查询、采购、产品展示、订购到出品、储运、电子支付等一系列的贸易活动。

3. 联合国经济与发展组织的定义

联合国经济与发展组织（OECD）对电子商务的定义是：电子商务是发生在开放网络上的包含企业之间（Business to Business）、企业与消费者之间（Business to Consumer）的商业交易。

4. 美国政府的定义

美国政府在其《全球电子商务纲要》中比较笼统地指出：电子商务是通过因特网进行的各项商务活动，包括：广告、交易、支付、服务等活动，全球电子商务将会涉及全球各国。

5. 加拿大电子商务协会的定义

加拿大电子商务协会给出了对电子商务较为严格的定义：电子商务是通过数字通信进行商品和服务买卖和资金转账，它还包括公司间和公司内利用电子邮件、EDI、文件传输、传真、电视会议、远程计算机联网所能实现的全部功能（如市场营销、金融结算、销售、商务谈判）。

6. 国际著名IT公司的定义

IBM公司一直是电子商务的积极倡导者，它对电子商务的描述是：电子商务是在因特网等网络的广阔联系与传统信息技术系统的丰富资源相互结合的背景下应运而生的一种相互关联的动态商务活动。它强调的是在计算机网络环境下的商业化应用，不仅仅是硬件和软件的结合，而是在因特网（Internet）、企业内部网（Intranet）、企业外部网（Extranet）下进行的业务活动，其定义公式为：EB（电子商务）=IT+Web+Business。

7. Intel公司的定义是，电子商务 = 电子化的市场 + 电子化的交易 + 电子化的服务

HP公司提出电子商务以现代扩展企业为信息技术基础结构，电子商务是跨时空、跨地域的电子化世界（Electronic Wortd，EW），EW（Electronic Wortd）=EC（Electronic Commerce）+EB（Electronic Business）+EC（Electronic Consumer）。其中，电子商务（Electronic Commerce）是通过电子化手段来完成商业贸易活动的一种方式。电子业务（Electronic Business）是一种新型的业务开展手段，通过基于互联网的信息结构，使得公司、供应商、合作伙伴和客户之间，利用电子业务共享信息。电子消费（Electronic Consumer）是人们使用信息技术进行娱乐、学习、工作、购物等一系列活动，使家庭的娱乐方式越来越多地从传统电视向因特网转变。

目前，国内关于电子商务模式的定义如下[1]：

根据经济、战略和运作这三个指标维度的出现情况可以分成三类：第一类定义考虑了经济、战略和运作维度，是一种综合的观点；第二类定义主要涉及经济和运作维度；第三类定义体现运作维度，即关心商务模式的实现。国内的电子商务模式定义主要采用第二类和第三类的观点，并且这两类定义所占比例基本一致，而基于综合观点的定义还比较少。较多的国内期刊文章主要探讨电子商务的赢利模式，关注利润获取的方式，因此同时涉及经济和运作维度的定义较多。国内关于电子商务模式的定义主要偏向于运作维度，更多地体现技术实现的观点，而忽视了从整体战略的角度如何更好地创造价值。

三、信息流[2]

一次完整的电子商务活动是信息流、商流、资金流、物流四要素的统一。

物流：主要是指商品和服务的配送与传输渠道。

资金流：主要是指资金的转移过程，包括付款、转账、兑换等过程。

信息流：是服务于商流和物流所进行的信息活动的总称，既包括商品信息、服务信息、技术支持信息、企业资讯信息的提供、促销、营销等内容，也包括诸如询价单、报价单、付款通知单、转账通知单等商业贸易单证信息以及交易参与方的支付能力与信誉等信息的传递过程。

商流：是指商品在购、销之间进行交易和转移商品所有权的活动，其研究对象是商品交换的全过程。

四、购买与购买力[3]

网上购物是指用户为完成购物或与之有关的任务而在网上虚拟的购物环境中浏览、搜索相关商品信息，从而为购买决策提供所需的必要信息，并实现决

[1] 柳俊，王求真，陈琳.基于内容分析法的电子商务模式分类研究[J].管理工程学报，2011（3）：200-205.

[2] 陈晴光主编.电子商务基础与应用[M].北京：清华大学出版社，2011.

[3] 邓少灵主编.网络营销学[M].广州：中山大学出版社，2009.

策的购买的过程。

2007 年是中国网络购物市场快速发展的一年。

网络环境下消费者角色的转变：包括顾客观念的转变、顾客心理的转变和顾客购买行为的转变。

顾客购买行为的转变：网络营销为顾客挑选商品提供了空前规模的选择余地。在这种情况下，任何宣传、欺骗和误导都不会再起作用，顾客将会理智地考虑各种购买问题。而且，在网络营销环境下，顾客面对的是计算机，没有了嘈杂的环境和各种诱惑，顾客会完全理性地规范自己的购买行为。

①大范围地挑选、比较。②理智型的价格选择。③主动表达对产品的欲望。

影响消费者购买行为的主要因素：

产品的价格；产品的特性；产品的购买时间；产品的挑选范围；产品的新颖性；购物的便捷性；购物的安全性和可靠性；网页设计风格符合消费者需要；企业形象。

购买力❶是人们支付货币购买商品或劳务的能力，或者说在一定时期内用于购买商品的货币总额。它是消费者能够对公司施压降低其产品及服务价格的能力，同时也反映该时期全社会市场容量的大小。

五、平台❷

随着电子商务的发展，同样也暴露出了其缺点和局限性。比如在每个行业领域的企业都应用了电子商务，但企业间关系并没有因此而变得紧密起来，企业与企业之间仍然是一个个信息孤岛，这与现今企业强调的高效、合作的目标是相矛盾的。为了解决上述问题，平台型电子商务发展十分活跃，这种模式不需要买方和卖方的投资，由第三方建立起中立的网上市场交易平台，美国的Ariba，以及中国的阿里巴巴、慧聪等，都成为国际电子商务市场中具有代表性的公司。

平台型电子商务最初出现主要是针对中小型企业建立的，面向制造行业的最终用户、供应商、采购商、经销商和服务商，提供一个企业间进行在线采购、营销、招标等活动并提供分销、售后服务管理功能的电子商务平台模式。平台服务商为企业客户提供该电子商务系统运营和维护所需要的硬件设备以及平台软件，同时保证客户网上认证和支付的安全性。这种早期的平台型电子商务，主要基于开放的互联网，综合考虑企业用户的实际情况，最大限度地减少企业应用的难度。通过平台，企业可以无缝地同上游的供应商、下游的经销商和代理商、终端的客户连接起来，实现快速响应需求和信息共享，并进行有效的工

❶ 尹世杰.当代消费经济辞典[M].成都：西南财经大学出版社，1991.
❷ 胡岗岚.平台型电子商务生态系统及其自组织机理研究[D].上海：复旦大学，2010.

作协同。

概念：所谓平台型电子商务，即由专业的电子商务平台开发商或运营商建设电子商务平台，多个买方和多个卖方通过这个集认证、付费、安全、客服和渠道于一体的统一平台为其提供相关服务完成交易的商业模式。平台型电子商务中的平台本身不从事买卖交易业务，只是吸引有关个人或企业参与，为他们的网上交易提供配套服务，集成买方需求信息和卖方供应信息，撮合买卖双方，支持交易，以便利市场操作（刘云龙，2006）。电子商务平台的主要功能包括：为交易双方提供专业化的应用服务；在买卖双方交易过程中实现网络公证机构的功能，从一定程度上降低电子商务可能带来的信用风险；为所有参与者提供一个平等的信息发布的公共平台，包括信息的发布、收集、整理等一系列的服务。

◇**小结**

本章梳理了 Web1.0 时代新媒体广告的特性，分别从新媒体广告的表现形式、活动程度、受众种类和新媒体广告的形态四个方面进行分类阐述。接下来由传播营销理念和新媒体广告策划与创意的变革两种方式探讨了 Web1.0 时代新媒体广告的变革。最后，通过对 Web1.0 时代的搜索引擎、门户网站、垂直网站、电子商务网站、网络社区和电子邮件共六种新媒体广告营销方式进行案例分析，从实际案例证实了 Web1.0 时代新媒体广告营销所发生的重大变革。

第四章 Web2.0（2004～2007年）数字营销的策划与创意

第一节 Web2.0的理论概述

一、Web2.0的定义

Web2.0是相对于Web1.0的新一代互联网应用统称。2004年3月，欧雷利媒体公司的戴尔·多尔蒂在一次头脑风暴会议上提出了"Web2.0"的概念，这一概念以不可思议的速度在全球范围传播开来，并且成为现阶段以至今后一段时间内互联网发展讨论的热词。在Web2.0背景下，网民享受着信息自由的权利，参与网络传播并渐渐成为网络传播中的主人，活跃在由新浪、谷歌、百度、Twitter、MySpace、土豆网、开心网、Flickr、猫扑网、豆瓣网、天涯社区等网络构建的社会文化"生态圈"里已成为网络生活的常态，上开心网偷菜、上土豆网看大片、发微博等时尚流行的网络行为亦成为Web2.0的魅力表征。

中国计算机协会对于Web2.0的定义是："互联网2.0（Web2.0）是互联网的一次理念和思想体系的升级换代，由原来自上而下的由少数资源控制者集中控制主导的互联网体系转变为自下而上的由广大用户集体智慧和力量主导的互联网体系，互联网2.0内在的动力来源是将互联网的主导权交还给个人，从而充分挖掘个人的积极性，个人所贡献的智慧和个人联系形成的社群的影响替代了原来少数人所控制和制造的影响，从而极大地解放了个人的创作和贡献潜能，使互联网的创造力上升到了新的量级。"[1]

作为Web2.0概念的创造者，欧雷利也在其文章中对Web2.0的概念作出相关的定义：Web2.0是以互联网作为跨设备的平台，其应用程序充分发挥平台的内在优势，软件以不断更新的服务方式进行传递，个人用户通过组成群体贡献自己的数据和服务，同时允许他人聚合，以达到用户越多、服务越好的目的。

---

[1] 2005-2006中国Web2.0现状与趋势调查报告[EB/OL].[2006-02-24].http://it.sohu.com/20060224/n242002953.html.

通过这种"参与架构"创造出超越传统网络的技术内涵，引发丰富用户体验的网络效应。❶

综合国内外的观点，将其归纳起来，一方面 Web2.0 强调的是"以个人为中心"，颠覆了以往传统媒体作为信源主体的单向输送信息的传播模式，通过用户自己生产信息内容的模式，使个人参与到整个网络传播的过程中去；另一方面，Web2.0 强调小众传播和圈子文化，个人与个人之间，个人与组织之见，组织与组织之间都以不同的自组织的方式架构起来，形成自己的互联网社交圈子。

二、Web2.0 时代的主要特征

Web2.0 时代强调的是"以个人为中心"，相较于 Web1.0 时代，Web2.0 时代的互联网呈现出以下主要特征：

（1）在线社群型生活。人的社会属性决定了其在呈现个性化、多元化需求和生活形态之后将会以另一种形态重聚。Web2.0 时代的互联网，网友根据爱好、生活观念的异同在互联网里重新分化、聚合，拥有同质性的网民在网络社区中可以建立频繁的互动，形成各具特色的网络社区。Facebook 正是靠网民集体的内容生产、交互和共享活动构建出的全球第一大社交网站。而国内的豆瓣网是一个典型的"满足小众需求"的网络社区，网友在这里可以找到在电影、音乐、读书方面有共同爱好的同道中人。社群型生活成为 Web2.0 时代网民主流的在线生活方式，网络社区特色鲜明，互动性强，具有很强的用户黏性，能让人们寻求到心理归属感。

（2）平民化、个性化、交互式的信息生产。Web2.0 时代的互联网，人们不再信奉所谓权威的信息来源，希望从不同角度了解更全面的信息，在意其他网民的意见和表达自我主张。百度贴吧就是完全由网友自主创建的自己感兴趣的主题关键词贴吧，可以将主题关键词细分到最小单位，从而形成各自完全独立的贴吧。而其他网友通过百度搜索引擎进行关键词搜索就可以在百度贴吧里找到众多的主题贴吧，浏览、留言、跟帖，共建贴吧内容。2005 年选秀节目《超级女声》播出之际，大量的网友在超级女声的百度贴吧官方吧中发帖、评论，表达对自己喜爱选手的支持，这种现象体现出互联网是平民化、个性化、交互式的信息生产构架。

（3）从传播信息到传播情感体验。网友需求的变化不仅影响着互联网信息的生产，也影响着信息的传播。从早期人们上网寻找和分享有实际用途的信息、资源，到"给力"、"杯具、洗具、餐具"、"童鞋"、"小盆友"、"犀利哥"这些网络热词与网络红人的广泛传播，人们对互联网信息的认知正在发生改变。过去那些自上而下的信息已对网友失去吸引力，网友更愿意传播的是基于自身经

❶ Tim O'Reilly.什么是Web2.0[J].互联网周刊，2005（4）：25.

历、文化背景下所认同的试图颠覆传统与权威的草根价值观与情感体验。❶

三、Web2.0 的主要理论基础

1. 六度分隔理论（Six Degrees of Separation）

六度分隔理论是由美国著名社会心理学家哈佛大学的心理学教授斯坦利·米尔格拉姆（Stanley Milgram）于 1960 年代提出的，该理论认为世界上所有互不相识的人只需要很少的中间人就能建立起联系。1967 年斯坦利·米尔格拉姆教授根据这一概念做过一次连锁信件试验，尝试证明平均只需要五个中间人就可以联系任何两个互不相识的美国人。这种现象，并不是说任何人与其他人之间的联系都必须通过六个层次才会产生联系，而是表达了这样一个重要的概念：任何两个素不相识的人，通过一定的方式，总能够产生必然联系或关系。这一理论也成为 Web2.0 社会性特征的最佳解释。

2. 长尾（Long Tail）理论

长尾（The Long Tail）这一概念是由《连线》杂志主编 Chris Anderson 在 2004 年 10 月的"长尾"一文中最早提出的，用来描述诸如亚马逊和 Netflix 之类网站的商业和经济模式。

"长尾"实际上是统计学中幂律（Power Laws）和帕累托分布（Pareto distributions）特征的一个口语化表达（图 4–1）。

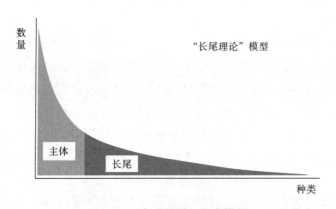

图4-1　"长尾理论"分布模型

（资料来源：（美）克里斯·安德森.长尾理论[M].乔江涛译.北京：中信出版社，2007）

过去人们只能关注重要的人或重要的事，如果用正态分布曲线来描绘这些人或事，人们只能关注曲线的"头部"，而将处于曲线"尾部"、需要更多的精力和成本才能关注到的大多数人或事忽略。❷例如，在销售产品时，厂商关注的

---

❶ 杨洁.Web2.0时代网络品牌广告创意探析[J].新闻爱好者，2012（14）：45-46.

❷ （美）克里斯·安德森.长尾理论[M].乔江涛译.北京：中信出版社，2007.

是少数几个所谓"VIP"客户，"无暇"顾及在人数上居于大多数的普通消费者。而在网络时代，由于关注成本的大大降低，人们有可能以很低的成本关注正态分布曲线的"尾部"，关注"尾部"产生的总体效益甚至会超过"头部"。例如，某网站作为世界上最大的网络广告商之一，它没有一个大客户，收入完全来自被其他广告商忽略的中小企业。安德森认为，网络时代是关注"长尾"、发挥"长尾"效益的时代。在Web2.0时代，图书出版业的变革正生动诠释着这一理论。图书出版业是"小众产品"行业，市场上流通的图书达300万种。大多数图书很难找到自己的目标读者，只有极少数的图书最终成为畅销书。由于长尾书的印数及销量少，而出版、印刷、销售及库存成本又较高，因此，长期以来出版商和书店的经营模式多以畅销书为中心。网络书店和数字出版社的发展为长尾书销售提供了无限的空间市场。在这个市场里，长尾书的库存和销售成本几乎为零，于是，长尾图书开始产生价值。销售成千上万的小众图书，哪怕一次仅卖一两本，其利润累计起来也可以与其相当甚至超过那些动辄销售几百万册的畅销书。如亚马逊副经理史蒂夫·凯塞尔所说："如果我有10万种书，哪怕一次仅卖掉一本，10年后加起来它们的销售就会超过最新出版的《哈利·波特》。"

第二节　Web2.0前半阶段主要的应用形式

一、博客

博客（Blog）是Web log的缩写，亦称网络日记。是一种极其简易便捷的网络个人出版形式，使任何一位网民都可以在几分钟之内拥有自己的个人网站，自由撰写。Blogger通常指写Blog的一类人，这类人习惯于在网上建立博客，书写日记，能够帮助自己更好地和别人交流。

博客是一个开放和共享的平台，具有知识性、自主性、共享性等基本特征，正是博客的这种性质，决定了博客营销是一种基于个人或企业知识资源（包括思想、体验等表现形式）的网络信息传递形式，因此，被很多企业当作一种发布信息的营销工具，即企业博客，也称博客营销。

企业博客对于企业而言是一个全新的媒介。它改变了以往信息传递的模式，不是将企业的广告信息呆板地传递给用户，而是通过网络自愿的原则将顾客聚集到一起。此外，它也是新产品研发、原有产品改进的原动力，顾客通过企业博客发表对产品改进的看法，或者提出自己对于产品的个性化需求。企业博客也是一种有效的交流和沟通的工具，企业通过博客可以与顾客直接对话，也可搜集用户的反馈和需求，提高企业的曝光率和知名度，提升顾客对企业的忠诚度。企业运用博客还可以促进内部有效沟通。2005年6月份开始的第十六次中国互联网络发展状况统计报告中，中国互联网信息中心首次将博客列为"用户常使用的网络服务"项目之一。一些知名的 IT 公司如 Hewlett-Packard、IBM、SUN和 Oracle 也都相继建立博客开展营销活动。

二、RSS

RSS 是在线共享内容的一种简易方式（也叫聚合内容，Really Simple Syndication 的缩写）。通常在时效性比较强的内容上使用订阅能更快速地获取信息，网站提供输出，有利于让用户获取网站内容的最新更新。网络用户可以在客户端借助于支持 RSS 的聚合工具软件（例如 SharpReader、NewsCrawler、FeedDemon，国内主要有周博通 RSS 阅读器、看天下网络资讯浏览器），在不打开网站内容页面的情况下阅读支持输出的网站内容。订阅 RSS 新闻的方式，最简单的就是将 RSS 新闻的 URL 拷贝下来，运行 RSS 新闻阅读器，根据说明添加一个频道就可以了。现在提供订阅的网站上，往往都有一个 RSS 或者 XML 小图标。目前，应用模式主要有如下几种：跟踪新闻组、创建日历事件、分类广告信息、情报搜索等。

1. 跟踪新闻组

Google Groups 新闻组是一个免费的在线社区和讨论组，提供包罗万象的主题帖子。这些新闻组可以通过使用 RSS 信息源（种子）进行跟踪。要跟踪某一主题新闻组，只需要在 Google Group 的 URL 的末尾添加一个 "/feed/msgs.xml"，再把这个 URL 添加到自己的新闻组阅读器，就可以不断接收新帖子。

2. 创建日历事件

建立一个公共或私人使用的日历，通过 RSS 种子接收日历更新信息。这个 RSS 日历可以用来作为私人使用的事件提醒工具，也可以应用到特定的公共群体中，通过信息源共同分享事件信息，在企业中有运用，例如需要公开送达的会议信息等。

3. 分类广告信息

个人可以使用 RSS 定制个人需要的招聘信息，通过限定工作区域、薪资水平或职位，获得源源不断的招聘信息。

4. 情报搜索

企业可以定制自己感兴趣的关键词，比如公司名字、产品名称、竞争者名称，或其他任何希望跟踪的关键词，通过 RSS 接收包含有这些关键词的博客或新闻等网上的内容，考察这些关键词出现的背景情况。情报搜索不仅让企业及时获得与自己有关的新闻，上升到战略层面，还有利于维护企业的竞争优势。

三、播客

根据维基百科的定义，播客（Podcasting）指的是一种在互联网上发布文件并允许用户订阅且自动接收新文件的方法，或用此方法来制作的电台节目。这种新方法在 2004 年下半年开始在互联网上流行，多用于发布音频文件。播客营销就是以播客为主要传播载体的营销方式，有人简单地把播客营销理解为播客广告是不准确的，播客营销方式有很多种，不仅仅是播客广告，播客广告只是播客营销中一种较低层次的应用，不能反映播客营销的巨大传播价值。

播客营销有三个最显著的特点：首先，音频的魅力远胜过文本，同文本相比，音频信息的接收阻力更小，接收者不容易产生所谓的阅读疲劳。其次，对于广告主而言，成本低廉是对他们最大的吸引力，只需要一点点费用就可以把产品信息推送到特定的消费群体中去。再者，由于播客的目标受众群体有很明显的共性，使得播客广告的投放效率也相当高。

四、IM

IM 是 Instant Messenger 的缩写，也就是即时通信。IM 软件可以说是目前我国上网用户使用率最高的软件，比如 QQ、MSN 等。作为使用频率最高的网络软件，即时聊天已经突破了技术工具的极限，被认为是现代交流方式的象征。即时聊天构建了一种新的社会关系，它是迄今为止对人类社会生活改变最为深刻的一种网络新形态。

五、SNS

严格来讲，国内的 SNS 并非 Social Networking Services（社会性网络服务），而是 Social Network Sites（即社交网站），以人人网（校内网）、开心网、QQ、众众网、Gagamatch 网等 SNS 平台为代表。从技术层面看，SNS 是一个采用分布式技术，通俗地说是采用 P2P 技术构建的下一代基于个人的网络基础软件。从应用角度看，SNS 是依据六度分隔理论，以认识朋友的朋友为基础来扩展自己人脉的一种网络软件。SNS 是 Web2.0 前半段具有代表性的应用形式，它体现了Web2.0 时代的主要特点。SNS 的主要特点如下：

（1）聚合性：SNS 用户基数宏大，自然聚合。SNS 网站海量用户散布极其广泛，笼罩各个地区及各个行业，然而这些海量的用户又依照某些特定的规矩聚合在一起，形成了多种群体，这些群体即为营销不可或缺的精准群体。

（2）真实性：由于 SNS 网站采取实名制，为生疏冷漠的网络人际关系增添了更多信任，实名制的方式使网站主动过滤了大批的虚伪信息，自然拉近了网络用户之间的关系。真实的人脉关系，体现出网络社区向真实世界的回归，这为网络营销提供了很大的方便，解决了起码的信赖问题。

（3）黏粘性：牢固的现实交际圈和 SNS 网站社交圈能够将绝大多数用户牢

牢留在 SNS 网站上，并且保持沟通往来，用户之间的黏性远高于其他非社会性网站，这种用户之间的黏粘性能够大大提高网络营销的效力。❶

六、网摘

网摘又名网页书签，英文原名是 Social Bookmark，直译是"社会化书签"。世界上第一个网摘站点 del.icio.us 的创始人发明了网摘。网摘是一种服务，它是一种收藏、分类、排序、分享互联网信息资源的方式。用它来存储网址和相关信息列表，利用标签对网址进行索引，使网址资源被有序分类，网址及相关信息的社会性分享成为可能。在分享的人为参与过程中网址的价值被评估，通过群体的参与使人们挖掘有效信息的成本得到控制，知识分类机制也方便了具有相同兴趣的用户更容易彼此分享信息和进行交流，网摘站点呈现出一种以知识分类社群的景象。

网摘的意义和应用价值如下：

（1）网摘服务的核心价值在于"分享"。每个用户不仅能保存自己看到的信息，还能与别人分享自己的发现。每一个人的视野和视角是有限的，再加上空间和时间的分割，一个人所能接触到的东西是有限的、片面的、有代价的。而知识分享则可以大大降低参与用户获得信息的成本，可以使用户更轻松地获取更多数量、更多角度的信息。

（2）保存用户在互联网上阅读的有收藏价值的信息，并作出必要的描述和注解，积累形成个人知识体系。

（3）通过知识分类，可以更快结交到具有相同兴趣和特定技能的人，形成交流群体，通过交流和分享互相增强知识，满足沟通和表达等社会性需求。❷

七、维基百科

维基百科是一项基于维基技术的全球性多语言百科全书协作计划，同时也是一部用不同语言写成的网络百科全书，其目标及宗旨是为全人类提供自由的百科全书——是用他们所选择的语言书写而成，是一个动态的、可自由访问（绝大多数国家，但使用安全链接则也行）和编辑的全球知识体。在世界上许多国家相当普及。其口号为"维基百科，自由的百科全书"。维基其实仅仅是架构了一个网络平台，所有的词条都是由用户定义，并由用户来完善。

❶ http://baike.baidu.com/subview/8258/5896175.htm#viewPageContent.
❷ 陈爱红.基于Web2.0的网络营销策略研究[D].合肥：合肥工业大学，2007.

第三节 Web2.0前半阶段的广告营销传播

当时代的步伐从 Web1.0 阶段迈向 Web2.0 阶段的时候，广告的营销传播模式也随之发生了翻天覆地的变化，新型的广告营销传播形式层出不穷，如：博客广告营销模式、RSS 营销模式、社区营销模式等。要了解和掌握广告营销传播模式的变化，就需要先理清变化背后的逻辑。即：由于技术的变革导致消费者接收信息和传播信息的方式发生了变化，从而使消费者的需求、心理和消费行为产生了相应的变化，传统的营销创意手段不能再引起消费者的兴趣，为俘获消费者的芳心，企业的广告营销传播手段就必须随之改变。本节我们将从 Web2.0 时代的消费者、Web2.0 时代的新型广告营销传播形式、Web2.0 时代广告传播的本质特点和内涵三个层面来探讨 Web2.0 前半阶段的广告营销传播。

一、Web2.0 时代的消费者

1.Web2.0 时代消费者购买行为模式

传统行销环境下的消费者购买行为模式（AIDMA 模式）是由美国广告学家 E·S·刘易斯在 1898 年提出的（图 4-2）。该理论认为消费者的购买行为过程要经历五个阶段：

图4-2 AIDMA模式图

（资料来源：黄孟芳，卢山冰.日本电通广告研究新走向[J].现代广告,2007：115）

A：Attention（引起注意），利用丰富的能吸引消费者眼球的广告信息引起他们的注意，能引起消费者的注意那么这种传播行为就成功了一半，因为没有吸引眼球的那一瞬间，也就不可能有接下来的几个阶段。

I：Interest（引起兴趣），如果消费者觉得接收到的广告信息有意思，那么他们就会产生兴趣从而继续关注这些信息。

D：Desire（唤起欲望），利用能触及消费者需求与欲望的广告信息来唤起他们购买的欲望。例如，有时我们会看到超市里那些饮料促销小姐会很热情地邀请消费者免费品尝饮料，这就是一种唤起消费者购买欲望的方式。

M：Memory（留下记忆），那些曾经唤起过消费者欲望的信息会在他们的脑海中留下记忆。

A：Action（购买行动），当时机成熟，消费者便会进行购买。

AIDMA 模式的实用生态是传统的传播环境，人们的信息主要通过传统媒体获取。传统媒体互动性差、没有反馈，人们无法搜索信息并分享经验。

从传统传播到网络传播时代，传播环境发生了巨大变化，人们获取信息的渠道更加多元，非常多的消费者已经开始改变他们接收消费信息的模式，因为他们在购买产品时越来越依赖的是网络信息。在 Web2.0 时代里，消费者行为模式由传统模式的 AIDMA 模式转变成 AISAS 电通模式（图4-3）。AISAS 模式是由日本电通公司经过大量的研究，针对互联网时代消费者生活形态的变化，而提出的一种全新的消费者行为分析模式。AISAS 模式中，消费者的购买过程也是五个阶段。

图4-3　AISAS模式图

（资料来源：黄孟芳，卢山冰.日本电通广告研究新走向[J].现代广告,2007：115）

AISAS 模式，指出消费者在注意商品并产生兴趣之后的环节是上网进行信息搜索（Search），在产生购买行动之后的环节是与他人进行信息分享（Share），多数互联网用户都会借助互联网进行信息搜索和信息共享。当消费者通过搜索最后购买到喜欢的商品和服务后，他们会把自己购买的商品、服务拿出来在网上与其他网民分享，而且这个分享又可以直接刺激参与的分享者，使这些人成为新的购买者，从而不断产生新的购买和分享。在这个模式中，把消费者在注意商品并产生兴趣之后的信息搜集（Search），以及产生购买行动之后的信息分享（Share），作为两个重要环节来考量，有了"搜索"和"分享"行为的出现，口碑成了关系交互网络时代影响消费者购买决策的重要原因之一。这两个环节消费者需要借助互联网来实现。❶

2."碎片化"背景下的消费者分化

"碎片化"（Fragmentation），原义为完整的东西破成零片或零块，在 1980 年代末常见于"后现代主义"研究文献中。在社会学领域，"碎片化"主要是指阶层"碎片化"，当社会阶层分化的时候，各个分化的阶层内部也在不断地分化成社会地位和利益要求各不相同的群体。❷Web2.0 时代就是一个碎片化的时代，由于用户被赋予自由生产内容的权利，互联网上的内容数量呈裂变式增长。互联网的

❶ 黄孟芳，卢山冰.日本电通广告研究新走向[J].现代广告，2007：115.
❷ 黄升民，杨雪卉."碎片化"来临品牌与媒介走向何处[J].国际广告，2005：25-29.

碎片化已经不只是单个现象，五花八门的各种信息和内容就是信息内容碎片化的表现。对于每一个用户来说，能让其有兴趣关注的点是很不相同的，这是用户兴趣的碎片化；每个人不用整块的时间，而只是在零星的时间使用互联网，这是时间的碎片化；受众个性化的信息需求导致所需资源分散在各个不同的角落，这是资源的碎片化。各种碎片化最终的结果就是互联网进入了一个碎片化时代。这个碎片化在中国的互联网上尤其如此。可以说"碎片化"是 Web2.0 后时代最大的特点之一。碎片化的概念生动地描述了消费者在 Web2.0 时代消费心理和消费需求的变化，同一阶层消费者的消费需求差异正日益扩大。

1）消费者心理的"碎片化"

Web2.0 时代赋予了消费者信息的自主传播权，从此消费者可以自由地在社交平台上发声，他们不再是以往传统媒体时代信息被动的接受者，他们需要被倾听、被关注，所以 Web2.0 时代的消费者更加强调自我，在选择产品和品牌时更加注重该产品和品牌与自身产生的共鸣。他们不再接受被动消费，转而积极参与到产品和品牌的构建中。当每个人都在消费中强调自身个性的时候，从宏观上看，消费者的心理就呈现出"碎片化"的态势。

2）消费者需求碎片化

在传统媒体时代或 Web1.0 时代，高昂的信息传播成本和信息不对称一直是满足消费者需求的最大阻碍。Web2.0 时代后，信息传播的成本变得非常低廉，消费者与企业之间的信息传播逐渐趋于平等，消费者"自我消费"的意识不断提升，每个消费个体的消费需求不断个性化。

3.Web2.0 时代网络消费者的消费行为特点

1）用户深度参与分享

与 Web1.0 时代相比，互联网不再是单纯的信息发布平台，SNS、RSS 等互动技术的引入赋予了用户主动发布、分享消费体验的便利条件。消费者拥有着属于自己的博客、空间和主页，并且用户乐于分享自己的购物的体会和自身对产品或品牌的看法。以大众点评网为例，用户们将自己消费后的感受和评价都发表在了点评专栏中，这些评论势必会影响到该商家潜在消费者的购买决策。

2）注重消费体验

与 Web1.0 时代相比，Web2.0 时代消费者的消费特征不仅局限于达成自身购买的目的，更重要的是获得良好的消费体验。消费者不仅追求物质使用功能上的满足，更追求精神上的满足。

二、Web2.0 时代的新型广告营销传播模式

2006 年被视为 Web2.0 真正爆发的时间，各种 Web2.0 应用正逐步改变着网民们的生活。如：博客大行其道；BT 下载方式流行；RSS 阅读的应用；视屏网站的兴起；网络电视流媒体的普及；TAG 标签的运用；以校内网为代表的 SNS 社交

媒体的崛起；Web2.0时代的到来促使许多新的网络运营模式和新媒体诞生，成为广告主投放广告的新型媒介载体。围绕这些新产生的媒体，随之诞生了一系列新的广告营销传播模式。

1. 博客广告营销模式

博客被视为Web2.0时代最主要的表现形态。它是一种用来表达个人思想、内容，按照时间顺序排列，并不断更新的网络出版与交流形式。博客是一种新的网络信息发布方式，其信息发布成本低廉、应用广泛，从而迅速成为主流的信息媒体。各大门户网站也相继推出自己的博客频道，进一步推动了博客的普及与发展。在博客成为主要信息发布渠道的同时，博客也逐步走上了市场化、商业化的道路，与广告领域发生交集。博客凭借着其庞大而又细分的受众群体渐渐受到企业的重视，成为企业进行产品或品牌推广的一种新的手段。

1）企业博客营销

企业开博，就是指企业在互联网上建立自己的企业博客。企业博客是利用博客促进企业营销推广目标的一种手段。这一手段在小型组织以及个人那里已经得到广泛运用，如今越来越受到企业的青睐。企业博客可以将电子杂志、病毒营销手段、企业与客户的沟通渠道以及企业本身的新闻站点，整合到一起，形成一个低成本、便捷且持续更新的站点，从而加速企业营销传播活动的运转效率。

美国社会性媒体会议BLOG ON在发布的"2005年社会性媒体调查"（2005 Social Media Adoption Survey）报告中认为：企业博客开始兴起，企业正在使用博客来进行对内对外交流沟通，以达到增进客户关系，改善商业活动的效果。博客将企业与外界的沟通带到企业以内，直接加强企业与市场的对话，并改变了过去单向的对话方式。

作为一种新兴的营销手段，企业博客营销具有以下优势：

（1）成本相对低廉，相较于传统媒体，如：电视、广播、报纸等，企业博客的媒介投入成本非常之低，为企业塑造品牌形象提供了一个低成本的手段。

（2）将企业要传达的信息以博客软文的形式植入，降低消费者的抵触感。

（3）信息发布及时、灵活，消费者可以实时了解企业信息、关注企业发展，从而与企业建立良好的关系。

例如，Stormhoek是英国的一家小葡萄酒厂家，其产品是"Freshness Matters"牌葡萄酒，没有在英国投放任何广告，但网站就是一个博客。他们尝试了向关注该企业的博主赠送葡萄酒，在一段时间后，该企业博客的流量激增，并且拉动了葡萄酒的销售。

2）企业家博客营销

企业家博客营销就是企业家开通自己的博客，通过发博客的形式，与网友分享自己的观点或情感。企业家凭借财富带来较高的社会地位，会得到许多人的崇拜，当其开通自己的博客，自然会招来大批粉丝。企业家通过博客与粉丝互动，使粉丝更加了解自己，同时会将粉丝对于自身的喜爱逐渐转移到对其企业产品或品牌的喜爱上去。2008年潘石屹的博客访问量已经超过2000万人次。潘石屹所发表的博客内容，实际上都是对企业很好的宣传，同时，潘石屹在博客上还直接发布广告，在访问量达到2000万的时候，潘石屹举办了见证潘石屹博客访问量达到2000万的活动，通过活动来进一步提升博客知名度，吸引其他媒体的报道。

3）博客广告

博客广告就是利用博客这个网络应用作为广告平台，进行广告投放。博客之所以可以成为新的广告投放平台，是因为其具有以下优势。

（1）弱化的商业色彩

在传统媒体和Web1.0时代，目的性明显的广告轰炸已经开始遭到消费者的抵触。而博客可以将要传达的信息以软文的形式植入博文中，能够大大降低消费者的抵触感。CNNIC 2006年中国博客调查报告针对博客作者和阅读者的意愿和行为进行了博客广告投放可行性分析。调查结果显示：超过40%的作者接受博客广告；约20%的读者认为博客广告不会影响其阅读行为，大约1/3的读者对博客广告持中立态度。❶

（2）庞大、分散的用户群

从长尾理论的角度看，博客世界是一个典型的长尾市场。长尾理论对应的是在传统市场理论下被忽视的小的、分散的市场，强调用户个人化，注重用户力量，重视的是小利润、广用户。博客看似是一个个毫无关联的个体，但事实上，特定博客内容的作者和读者们就是一个小众群体，在这个群体里他们具有相似的爱好、生活和消费背景。还有特定的博客会组成博客圈，专门针对某一特定领域发表博文，例如旅游、时尚、教育等。在这一个个博客所聚集起的人群里，有相类似的喜好，就意味着存在具体、有针对性的商品市场，在这个市场上，广告产品的投放可以做到高度的准确性。这些相似的博客使用者和阅读者所组成的小众，就是一个细分了的长尾市场，而庞大的博客用户和读者，也组成了一个庞大的长尾市场。❷

2007年有很多事情都和博客有关，"博啦"的博客事件营销、阿里妈妈对未来博客广告的推动、新浪博客开始广告分成、Feedsky的话题广告以及不少的广告主选择博客作为广告传播的媒体之一。作为一种能够体现博客主个性以及实现定向传播的新兴网络媒体，博客的商业价值正逐渐被广告主所认识。

❶ 中国互联网络信息中心（CNNIC）.2006年中国博客调查报告[R]，2006.

❷ 黄志强.Web2.0时代的广告传播研究[D].苏州：苏州大学，2008.

2. SNS 营销模式

SNS 在社交媒体发展的轨道中是具有划时代意义的，它是第一个把社交属性架构在媒体属性之上的社交媒体，它从某一特征出发，但这种特征是不固定的，可能是关系，例如同事、同学；可能是地域，例如杭州、上海；也可能是兴趣，例如自驾、美食。每一个切入点引发的关系网络都是截然不同的，这些关系聚合产生的能量十分巨大。人人网是由千橡集团将旗下著名的校内网更名而来，在人人网成立之前，校内网一直专注于建立同学之间的联系。校内网刚建立的时候一个最重要的特点是限制具有特定大学地址或者大学电子邮箱的用户注册，这样就保证了注册用户绝大多数都是在校大学生。正是这一明晰的定位，一时间校内网风靡国内所有高校，用户注册之后可以上传自己的头像，发布日志，签到留言等。校内网鼓励大学生用户实名注册，上传真实照片，实名注册也捧红了一批校内红人，让大学生在网络上体验到现实生活的乐趣。在校内网更名人人网后，随着 80 后逐渐走出大学，人人网培养的一代年轻用户纷纷离开，人人网陷入亟待转型的时期。现在，人人网不再是在校大学生的天地，人人网已发展成为整个中国互联网用户提供服务的社交网站，❶ 给不同身份的人提供一个全方位的互动交流平台。SNS 是一个平台，它的一切价值在于其搭建了人与人之间的联系，人与人之间有了关系，自然会产生出各种有趣的内容，当网络社会与现实社会平等时，关系仍然是一切社会活动的基础。

SNS 社区崛起的原因有两点：一是原生态草根文化越来越受到关注，草根文化，属于在一定时期内由一些特殊的群体、在生活中形成的一种特殊的文化潮流现象，它实际上是一种"副文化、亚文化"现象。它具有平民文化的特质，属于一种没有特定规律和标准可循的社会文化现象，是一种动态的、可变的文化。它又区别于阳春白雪的雅文化、上流文化、宫廷文化以及传统文化。❷ 二是流媒体技术的日益成熟。流媒体实际上指的是一种媒体传送方式，流媒体技术在当今互联网上的应用非常广泛，例如，人们在网上聊天可直接语音输入；如果想彼此看见对方的容貌、表情，只要双方各有一个摄像头就可以了；在网上看到感兴趣的商品，点击以后，讲解员和商品的影像就会跳出来；更有真实感的影像新闻也会出现。流媒体技术在视频、内容分享类媒体中的应用极大地缩减了用户观看、上传视频及内容所消耗的流量，同时边下边播的模式也更符合用户的体验。SNS 营销也就是利用 SNS 网站的分享和共享功能，在六维理论的基础上实现的一种营销。通过病毒式传播的手段，让你的产品被众多的人知道。这种新的营销模式的产生是基于 SNS 社区性的特点之上的。

1）用户互动交流

❶ 张玮. 透析人人网：大学生使用的传播学意义分析[D]. 西安：西安交通大学，2009.
❷ 石伟华. 新时代文化与中国服饰——浅谈山寨文化与草根文化对中国服饰流行的影响[J]. 科技信息，2010
（2）.

在 SNS 社区中，媒体与受众之间的界限模糊，受众与媒体之间会产生双向的交流，用户之间也可以自由互动。

2）内容产生与共享

传统网站的内容由网站自己生成，如典型的新闻门户网站。而 SNS 社区中绝大部分内容由用户自主生成，并且内容公开，各种手段方便用户之间共享内容。

3）用户关系和社区

在 SNS 社区中，更重要的是关系而不是内容。网站与用户之间的关系，以及用户之间的关系都发生了彻底的改变。用户因为共同的话题聚集在网站上，而同一网站的用户也很容易因为共同的爱好，在网站内形成更小的圈子，从而进行深度交流。

此外，传统的线下营销及社会化网络涌现之前的线上营销，基本上都是广告商单向地向用户传达信息或广告，用户对这种单向信息的接受度和信任度不断下降。社会化网络的影响力日益增强，由于用户人数庞大，其具备了强大的传染力和爆发力，能为产品或品牌换取更大的知名度。所以，SNS 这种新型的营销模式开始日益兴起。

三、Web2.0 时代广告传播的本质特点和内涵

1.Web2.0 时代广告营销传播的 4I 模式

2006 年，著名的广告人朱海松提出了以"互动"为核心的 Web2.0 时代广告传播营销 2.0 的"4I 模型"。

（1）第一个" I "：Individual gathering，个体的聚集。Web2.0 时代的各类门户、垂直网站及形成的"社区"，其本质就是"分众"，虚拟社区的存在就是"个体的聚集"，从而形成"有共同目的"的"分众"，或者也可称为"个众"。利用网络技术，通过对这些"分众"的追踪、采集和挖掘，形成可为市场营销服务的数据库，其数据库的本质是人。这样就实现了 Web2.0 广告传播的精准化和个性化。

（2）第二个" I "：Interactive communication，互动的沟通。在 Web2.0 时代，媒介就是信息。信息的不对称导致传播的外部环境是复杂并相互关联的，比如广告的发布者与接收者都是可以互动的，他们不是各自封闭的。信息传播的结构是耗散的，耗散结构是指在远离平衡的条件下，借助于外界的能量流、质量流和信息流而维持的一种空间或时间的有序结构，它随着外界的输入而不断地变化，并能进行自组织，致使体系本身的熵减少。互动就是耗散结构的耗散条件，并由此造成了网络信息传播的无序性和复杂性，这也是 Web2.0 时代的本质特征。

（3）第三个" I "：Inside 或 In，在里面。Web2.0 时代，网络世界正在成为人们虚拟现实的"柏拉图时空"。网民与网络之间具有巨大的"黏"性，实际上是网络互动社区时空里面"聚集的个众"，具有既不连续又不离散的"稠性"特征，

这种"稠性"特征使得网络时空的不间断性得以充分体现,形成了"多维"的"破碎"空间。为了吸引"分众"能"进去"并呆"在里面",需要对网络时空进行"情景构造",网络游戏就是"情景构造"的典型例证。网络造就了一大群新柏拉图信徒,在网络空间上人们"精神地"交流与沟通着。

(4)第四个"I":就是 I,即"我"的个性化。Web2.0 时代的个性化指个性表达,还指个性需求、个性交流等各种各样的个性化特征。❶

Web2.0 时代营销原理的"4I 模型"是一个广义的模型,是审视网络营销的视角,是由表及里、拔开海量网络现象的本质,从本质上揭示了 Web2.0 时代广告营销传播的特点。

2. 人际传播——Web2.0 时代广告传播的精髓

网络发展到 Web1.0 时代,广告营销传播就已经进入了以消费者为中心的时代,但是,Web1.0 是一种自上而下的消费者中心化,其广告传播是一对多的传播模式。与 Web1.0 不同的是,Web2.0 时代的广告传播是一种典型的以个人用户为中心的多对多网状传播模式,是自下而上的去中心化传播。在 Web2.0 时代的广告营销过程中,很多东西是由消费者完成并发起的,有很多消费者创造并参与的部分。在 Web2.0 时代,消费者已经不单单是广告传播和市场营销的终点,而是整个传播和营销链上的一个节点,网络广告营销已经进入了受众深度参与的时代。在 Web2.0 时代,由于消费者群聚化、社区化的特性,在整个广告传播过程中,更多的是群体之间的对话,包括企业群体与消费者群体之间的对话、媒介与消费者群体之间的对话以及消费者群体之间的对话与沟通,而消费者之间的对话是整个对话过程中最主要的部分。通过这种消费者群体之间的人际传播就为企业的产品推广和广告信息的传播提供了一个非常好的途径。只要企业能充分调动零散用户特别是网络意见领袖的力量,建立有效的沟通机制、利益分配体系,通过合理的话题设置和引导,就能让消费者成为产品或者品牌信息的传播者,让"大家去告诉大家",迅速而全面地让品牌信息在消费者之间扩散。简单地说,传统的广告是"我播你看",而 Web2.0 广告则是"我告诉你,你告诉他",品牌影响力迅速地在人际网络里扩张。而当消费者为利益所诱惑或者出于某种目的,接受这种新的信息传递方式时,在某种程度上其实已经成为企业同谋或品牌信息的助推者。这些极具个人色彩的传播方式就是企业看重的消费者所拥有的人际脉络,希冀其品牌信息能借助消费者在某个圈子中的说服力与影响力实现其广告营销的目的。

Web2.0 时代的广告营销传播,无论是利用博客广告、还是企业论坛或是RSS 和网络社区营销,都是结合了媒体传播和人际传播的一种"泛传播"模式。而在其中,最为主要和具有 2.0 特性的传播点还是个体受众,受众之间的人际传

---

❶ 朱海松. 无线广告——手机广告的发布形式与应用标准[M]. 广州:广东经济出版社,2007.

播和口碑相传是广告信息在网络中传播的主要渠道，也是广告取得预期效果的主要原因。这正是Web2.0广告营销传播的核心精神。

第四节　案例分析

一、王老吉汶川地震捐款案例分析

1. 案例简介

2008年5月12日，四川汶川发生8级强震。5月18日晚，中央电视台承办的《爱的奉献》——抗震救灾大型捐助活动，在央视一套、三套、四套同时现场直播。晚会接近尾声时，民族企业加多宝集团向四川灾区捐款1亿元，创造了国内单笔捐款最高金额，成为中国大陆捐资最多的企业之一。加多宝集团和它的产品"王老吉"受到了全国人民的关注，几乎在捐款的同时，网络论坛中就出现了"王老吉"捐款赈灾的内容。5月19日，在"天涯互助——汶川地震"板块里出现了一个题为"让王老吉从中国的货架上消失、封杀它"的帖子，帖子内容为"王老吉你够狠，捐一个亿，整治这个嚣张的企业，买光超市的王老吉，上一罐买一罐，不买的就不要顶这个帖子啦"。此帖在随后不到1h的时间内，就吸引了近400条回复，内容类似的帖子也在各大论坛和社交网站相继出现。"封杀王老吉"短短几天就成为网络上的热门话题，不但在论坛中引起广泛讨论，各门户网站的相关报道也层出不穷，甚至网民们的签名也出现"王老吉"的身影。不过网络上也不全是对"王老吉"的赞美之声，有人认为"封杀王老吉"事件有幕后操作的嫌疑，是加多宝集团及其营销队伍策划的营销活动，一些网络营销专业人员也出面表示，"封杀王老吉"能造成如此大的反响，一定有网络营销专家的管理和引导。但这样的怀疑没有影响"王老吉"在网络社区用户心中的形象，反而更加刺激网民关注此事，引发了新一轮争论。

使用百度搜索"封杀王老吉"这一词条，出现相关网页约294000篇，其中超过三分之一来自论坛，单独使用百度博客搜索，与"王老吉"相关的博客文章约14200篇。据这些数据可估算出，约10万网民参与过"封杀王老吉"事件讨论，高度关注此事、主动撰写文章评论的网民过万。

"封杀王老吉"在网络世界中的火爆也对现实生活造成了立竿见影的影响，网民们将"让王老吉从中国的货架上消失，上一罐买一罐"的呼吁，变成了采购行动，全国各地纷纷传出"王老吉"销量猛增的消息，部分地区甚至有断货现象。"王老吉"驻上海徐汇区大卖场的业务负责人接受采访时说"正常情况下，三个卖场一天'王老吉'的总销量在30箱到50箱之间（一箱24罐），一亿元捐款之后，这三个地方的销量已经翻了一番，现在感觉供货有点吃紧了。"他介绍，增加的购买者主要是年轻人,他们通常买罐装的"王老吉"。还出现了许多团购"王老吉"的企业,经常一次性就买几十箱。有一些公司每天给员工发两罐"王老吉"作为夏季解渴的饮料。其他媒体也出现"加多宝集团捐款一亿元"、"'封杀王老吉'成为网络热点"、"王老吉热销"的相关报道。加多宝集团受到广泛关注,"王老吉"品牌知名度猛增。加多宝集团是国内较早尝试网络社区营销的企业之一,它与天涯社区一直有密切的合作关系,天涯曾以"中国第一罐"为名开设"王老吉"品牌专属板块,论坛也时常出现与"王老吉"相关的帖子,甚至有网友称,在天涯社区发布有损"王老吉"品牌的内容会被管理员删帖。所以,尽管至今加多宝集团也未公开承认"封杀王老吉"是经策划的网络营销活动,但根据"王老吉"一直以来在网络社区中的表现可以判断,此次事件不是网民的自发行为,而是一个非常成功的网络社区营销案例。

2. 案例解析

1)营造与品牌相关的话题

从以上案例可以看出,品牌话题炒作这一营销模式的首要问题是营造一个与品牌相关的话题。可从以下几方面考虑:

第一,结合社会环境及网络舆论热点。汶川地震后,震灾是全民关注的热点,很多网络论坛开设地震专栏,供网民讨论震灾情况,"王老吉亿元营销"案例中的话题与地震密切相关,极易受到网民关注。

第二,结合企业与品牌自身的信息。加多宝集团在央视举办的捐助活动中向地震灾区捐款亿元,是企业的重大新闻事件,结合此类事件制造话题,具有很强的说服力和可信性,对企业形象大有裨益。

第三,结合产品功能和特点。"王老吉"是一种常见饮品,价格不高、替代性强,适合诉求于情感的推销方式。以"封杀"为话题,"上一罐买一罐"为口号鼓动消费者购买,效果立竿见影。网络空间信息泛滥,网民注意力分散,制造好的品牌话题,吸引受众关注十分不易。"封杀王老吉"大获成功,在很大程度上源于话题的引力,天涯的帖子,紧紧抓住了"王老吉"捐款一亿元这一切入点,逆向诉求,以出人意料的方式表达观点,令人耳目一新,网民自然积极回应。结合地震时特殊的社会环境,这种营销方式必然广受争论,争议导致网民进一步关注,引发更大的参与热情。话题表述也十分巧妙,"买光超市的王老吉",指示明确,实际效果显著。

2)在网络社区发布品牌话题

发布品牌话题,使其在网络中传播并产生影响,必须做到"天时、地利、人和"。所谓"天时"即选择适当的时机。加多宝集团在央视举办的贩灾活动中捐款一亿元,引发网上关于加多宝及其产品"王老吉"的热烈关注,加多宝的善举获得了网民的认可和好感,赞誉之声接连不断。2008年5月19日,网民对这一事件基本达成共识,普遍赞同加多宝集团,"封杀王老吉"的帖子此时出现,把网民分散的言论聚焦于一点，对品牌的正面舆论得到极大的推动。"地利"指选择适当的发布渠道，天涯社区是国内影响力最大的中文论坛，网站浏览量大，网民关注度很高，在此发布品牌话题，更加容易获取网民的注意力，传播力更强。"人和"指发布品牌话题时要考虑到社区网民的情感倾向，长期合作使"王老吉"在天涯社区培养了一批忠实的品牌支持者，在此种舆论环境中，品牌话题更容易收到正面的反馈。

3）管理话题信息

品牌话题炒作营销的整个过程中，品牌话题信息必须得到精心的管理维护。天涯上"封杀王老吉"的帖子发出后，几分钟的时间里就有大量正面的回帖出现，其他论坛出现的类似帖子，前几楼的回复也都以支持为主。这样做相当于给网友后面的反馈确定基调，持相同观点的网民会畅所欲言，而有反对意见的则会有所顾虑，简单的操作方式创造了良性的舆论环境。仔细分析天涯网友的回帖还可以发现，主题帖的语句被反复重复，话题信息不断强化，还有网友在回帖中提及"王老吉"红、绿装的不同，提示网民红装"王老吉"才是捐款企业的产品，对"王老吉"品牌、产品功能及用法也有详细说明。借助对品牌话题的不断维护和引导，整个话题讨论一直围绕着主题，深化了网民对品牌的印象，产品和品牌的信息精准地传递到目标消费者。

二、"百事我创　我要上罐"案例分析

1. 案例简介

"百事我创　我要上罐"是世界著名饮品百事可乐中国有限公司在2007年5月30日启动的一个大型网上创意活动，以"你就是下一个百事可乐的罐身主角，成为百事中国队纪念罐上一员"为口号，吸引网民参与百事可乐罐体图案设计。在这个活动中，参赛者将自己为中国队加油的照片上传，网友对所有照片进行投票，票数最多的前几位参赛者获奖并成为百事可乐的罐身主角。与百事合作此次活动的包括网易、猫扑等五家大型网站，但是出人意料的是，赛区表现最为突出的是51网。51网是目前中国较大的社交网站，主要业务是为用户提供在线交友平台和数据存储空间，注册成为用户，不但可以方便地发布照片、日记、音乐等，还可以将这些数据与朋友分享。登陆个人主页，用户还可以自由添加各种小应用，包括娱乐、资讯、交友等多个类别，这些极具创意的小工具极大地增加了用户的使用乐趣。由于创站时间早，在同类网站中一直处于领先地位。截至2008年8月，51网已拥有上亿注册用户，月独立用户超过3150万。❶

2007年6月1日至30日期间，51网的所有用户均可以上传自己的照片和参赛宣言，参加"博客宝贝"的评选。用户参赛后，将会在参赛用户的主页上

---

❶　吴清华. 精准营销和社群营销将是互联网营销的主流[J]. 广告大观，2007.

自动生成一条"拉票动画"。活动最终胜出的数名"博客宝贝",将作为代表直接进入"百事我创 我要上罐"总决赛,角逐最终的百事罐身明星,他们的照片将和部分中国队队员照片一起印在一亿罐百事可乐罐子上。网站还专门为此次活动设置了名为"百事为中国队加油"的群组,分为"自由交流"、"新闻公告"、"我要拉票"等板块,为用户提供交流平台,发布品牌及活动的最新进展,吸引网民跟进参与。每个参与者也可以依据爱好、地域等条件设立群组,联络支持者,为自己拉票。这次活动除以"百事"命名外,在活动页面随处可见百事广告的植入,在网站主页、个人博客页面、群组页面都能看到"百事"和百事的图标,还专门设计了特效鼠标和百事球星桌面供用户下载体验。

根据 51 网的数据,短短一个月时间,参赛人数超过 133 万名,用户投票总数过 1 亿人次,发表留言、评论总数接近万条,加入"百事为中国队加油"活动群组的用户数为 63400 名,发表主题帖子 63400 条,跟帖数为 333217 条,用户发表留言评论总数接近 700 万条,为 6793311 条。活动期间,"上罐"成为 51 网用户的常用语,参赛的选手在拉票时,也将活动信息传递到其他网络社区。此次活动还引起传统媒体的关注,相关新闻报道不断。百事可乐借助这次低成本的网上活动,吸引了大量网络用户,提升了品牌价值。

"百事我创 我要上罐"活动显示出社交网站是网络社区营销的重要工具,社交网站为企业开展在线品牌活动提供了广泛的受众和灵活多样的沟通工具,借助社交网站对网民的凝聚力,品牌信息自发形成舆论热点,在网民之间广泛传播。

2. 案例分析

1)策划适于在线开展的品牌活动

网络媒体糅合了多种媒体的表达方式,可以表现文字、图片、音乐、视频等多种类型的信息元素。"百事我创 我要上罐"活动的创意符合网络的这一特点。51 网"百事上罐"活动的参赛者,可以用参赛宣言和博客日志表达思想,可以上传照片、音乐,展示形象和展现趣味。活动还制造了专用音乐和手机铃声,首播百事巨星古天乐远赴欧洲拍摄的电视广告,充分利用网络媒体的表现力构建形式丰富的品牌信息,将其融合到网上活动,使品牌形象深度植入消费者心中。

另外,策划网上活动时还要充分考虑网络用户参与的便利性,要迎合网民的网络使用行为习惯,以博客作为评选标准,点击拉票动画即可投票,节省时间又易于操作。

2)选择网络社区平台

良好的社区平台对品牌活动有很强的推动力,开展在线活动时,要充分考虑到社区及社区用户的特点是否符合品牌活动的需要。"百事我创 我要上罐"活动中,合作的五个网站:猫扑、TOM、校内网、网易及 51 网共有 200 万人参加活动,其中有 1332791 名用户来自 51 网,约占总量的 54%。总决赛的前三名均来自 51 网。此次活动在网民中大获成功，主要原因在于网站本身对用户的吸引力。所选网络社区的成员覆盖品牌目标消费群体时，才能达到营销目的。百事可乐的目标消费者是年轻一代中的时尚人群，他们追求个性释放、希望自己成为风格独特的人，与 51 网用户的特点相符。

3）启动活动，吸引用户参与

在线品牌活动的营销效果取决于网络社区用户的参与程度，要吸引受众主动参与，活动的计划和开展必须符合网络用户的心理需求。Web2.0 时代，网民的个人需求不断向更高层次深化，自我意识苏醒，自我表现的愿望强烈，希望受到关注与欣赏，能够在活动中获胜，将自己的照片印在一亿个"百事纪念罐"极大地满足了网民的这种心理。网民参与社区活动的根本目的是达成人际交往、建立良好的人际关系，在"百事上罐"活动中 51 网始终坚持为用户提供良好的人际交往平台，增加用户之间的联络方式。例如，在活动期间，用户可以通过购买鲜花和钻石的方式，表示对参赛用户的支持。

4）社区用户自发散播品牌活动信息

在线品牌活动一经举办，参与者就成为企业营销系统中的一员，有关品牌的信息借由他们通过多种方式散播。但是社区用户自发散布品牌活动信息有一定的前提，即此活动必须与己相关，而且新颖有趣、值得炫耀。"百事我创 我要上罐"活动，让普通人有机会与古天乐等大牌明星竞争，成为万众瞩目的"上罐英雄"，参赛者将其看作是非常有趣的事情，乐于与朋友分享，为了获取胜利，参赛者也会通过博客、论坛、即时聊天工具等多种渠道拉票，同时将活动信息传递给周围的人。对 51 网的用户来说，如果好友或者是同组的成员参与了此活动，该用户也会持续关注活动进程，讨论活动信息的概率也就大大增加。

↘ 第五节 Web2.0时代数字营销关键词

一、互动 ❶

我们可以将大众传播中的传受互动归纳为这样的特点：就其形式而言，大众传播媒介的传播互动状态是媒介制导的牵引式的互动；互动呈现的状态是隐蔽的、非直接的；互动的前提是媒介的议程设置；互动的条件是媒介对互动的重视；互动的方式是受众对媒介传播的反馈；互动中双方的地位是不对等的；互动的范围具有很大的局限性；互动的过程受时间和空间的限制；互动的结果由媒介把握（有选择性，但也通过媒介参与的形式让大众知晓）；互动的内容多为"软信息"。

---

❶ 孟威. 网络互动：意义诠释与规则探讨 [D]. 北京：中国社会科学院研究生院，2002.

互动是网络的本质特征。具体地说，网络互动是指处在信息传递两端的行为主体（个人或组织），借助于网络符号及其意义实现的，相互联系、相互影响、相互作用的动态信息交流过程和方式。互动是网络发明者的着眼点，也是建立网络传播中个人、组织、社会关系的重要手段。人与人之间通过网络构成了一定的"社会关系"即网际关系，并在动态发展过程中促进了网络社会系统的形成，进而组成了虚拟组织群体、虚拟社区乃至虚拟社会。它是通过多媒体、超链接等电子技术创造出来的，从一开始就引起了广泛关注。

1. 用户

网络用户简单地说就是网络的使用者。对网络用户的定义没有一个具体的标准，按照不同的标准可以有不同的定义：

按照网络用户的外在表现,中国互联网络信息中心（CNNIC）❶ 将我国网民（网络信息用户）定义为：平均每周使用互联网 1h（含）以上的中国公民。

按照网络用户的具体内涵❷ 又有几种不同的看法：

（1）网络用户指在各项实践活动中利用互联网获取和交流信息的个人。这种观点指出网络用户利用网络的两大目的：获取和交流信息。这个观点一方面不全面，另一方面指出网络用户只是个人而不包括群体。

（2）网络用户指在一定条件下，一段时间内，正在利用网络获得信息的个人或团体。这种观点认为网络用户不但包括个人也包括群体，但是它只指出了网络用户的现实特性，认为用户只有利用网络获取信息的实际行动之后才能算网络用户,而忽略了网络用户的潜在特性,用户有着潜在的利用网络获取信息的心理需求。

（3）网络用户指在科研、教学、生产、管理、生活及其他活动中需要和利用网络信息的个体和群体。这种观点指出了用户的潜在需求特性，同时也认为网络用户应该是具有利用网络资源条件的一切社会成员。

2. 痛点 ❸

有学者认为，消费者的痛点是指消费者在体验产品或服务过程中原本的期望没有得到满足而造成的心理落差或不满，这种不满最终在消费者心智模式中形成负面情绪爆发，让消费者感觉到痛。

笔者认为这种说法仅仅陈述了其中一条真理，所谓"痛点"可分为三类：

第一类是人类普遍有所体会的某种心理上的难受，或者某些蠢蠢欲动的欲望没有得到满足的难受，这种难受常常经过外界刺激而有所强化。例如，思乡、恐高、怕抽血、窥探隐私、八卦欲等。成功击中这类痛点的产品,要么消解了痛点，要么弱化了痛点。

❶ 中国互联网络信息中心（CNNIC）.中国互联网络信息资源调查报告[EB/OL].[2006-06].http://www.cnnic.cn/index/0E/00/11/.
❷ 李金秀.我国网络信息用户基本情况调查[J].广东行政学院学报，2005（4）：92-96.
❸ 马湘临.痛点营销[J].企业管理，2014（10）：31-32.

第二类是体验过某种产品后，如果不买会难受，会有不满足感，可谓欲罢不能。喝惯可乐的顾客了解，不断去纹身的顾客了解，玩过网络游戏的顾客也了解。

第三类是在购买过程中小小地难受一下，如此使得顾客最终获得产品时，强烈地对比出愉悦感。例如，苹果新品发布时总是排成"长龙"，甚至有顾客不得不凌晨开始在店铺外占位。与第一类用于化解痛点的产品不同，第三类痛点是有意设置的，它有时是因为企业稀缺的资源所造就的，企业为了将有限的资源聚焦在最具竞争力的产品或服务上，因而剔除了某些附加服务。

3. 话题营销

话题营销是口碑营销的一种形式，意指让广告主的产品和服务成为消费者谈论的话题，同时达到营销的目的。[1]

微博平台的话题营销是传统话题营销利用社会性媒体衍生出的新营销方式，但也有别于传统话题营销的独到之处。[2]

4. 网络集群行为

网络集群行为（Collective Behavior in View of Website），是随着互联网的发展而形成的一种新形态的集群行为。学界对"网络集群行为"这一概念直接定义的比较少，大多将网络集群行为与现实集群行为这两个概念对照，从而得出网络集群行为的特点。刘生琰将网络集群行为与现实中的集群行为进行比较后发现，"网络集群行为与现实集群行为的相同点在于：个人在集群中都具有匿名性、过激性、情绪性、被暗示性、无批判性等特质；不同之处在于：网络传播的广泛和快速使得网络集群的建立较之现实集群更加容易，并且更易表现出偶发性、匿名性、情绪性等特质，更容易形成集群的冲动。"[3]周湘艳认为，网络群体行为的特点是："网络传播匿名性特点造成的个体心理变化，网络群体的情境化行为，网络群体行为的规模效应。"[4]

另外，一些学者从社会学、政治学的视角对网络集群进行评述，杜骏飞借鉴社会学观点将网络集群行为定义为："一定数量的、无组织的网络群体，围绕特定的现实主题，在一定诱发因素的刺激下产生的，以意见的强化与汇聚为特征的，具有现实影响力的网民聚集。"[5]夏学奎认为，网络聚集应是"在某一时间内，网民自发或有组织地聚集在某一个网络公共场域，由多个网民发帖或回帖等进行网络表达的行为。"[6]朱肖维认为，网络集群行为是"一种由相当数量的网民自发产生的无组织的网络群体，在一定诱发因素的刺激下产生的，围绕特定

❶ 谭锐. 微博话题营销策略探讨[J]. 新闻界，2012（3）：3-4，7.

❷ 张梅珍，陆海空. 微博平台话题营销的"变"与"势"[J]. 新闻知识，2015（1）：9-11.

❸ 刘生琰. 网络集群的集合行为与构建合理的网络秩序——"艳照门"事件的社会学思考[J]. 内蒙古农业大学学报（哲学社会科学版），2009（6）.

❹ 周湘艳. 从传播学视角反思网络群体行为[J]. 东南传播，2007（8）.

❺ 杜骏飞，魏娟. 网络集群的政治社会学：本质、类型与效用[J]. 东南大学学报（哲学社会科学版），2010（1）：43-50.

❻ 夏学奎. 网络社会学建构[J]. 北京大学学报（哲学社会科学版），2004（1）.

的现实主题，以意见的强化与汇聚为特征的，不受正常社会规范约束，并且具有现实影响力的网民聚集。"❶

5. 虚拟社区互动 ❷

刘瑛、杨伯溆总结了 Carla G.Surratt 对这一问题的研究。Carla G.Surratt 对网络中的互动关系形成社区设定了两个条件：其一，这种互动要能够帮助成员形成自我，获取个体身份；其二，这种互动关系要能够帮助维持社区的存在和正常运行，而要能够维持社区的存在就必须建立起成员共同的价值观和行为规范，要建立起必要的社会机构和群体得以满足社区群体生活的需要，要有对违反社会秩序的成员进行社会控制的手段以及能够形成一套合理、清楚的分层标准。Carla G. Surratt 指出，与面对面互动一样，网上互动中成员的社会化、自我的形成、身份的建立以及社会秩序的维持都是通过语言、通过交谈来进行的，只是在虚拟社区中，像种族、性别等身份不是通过外部特征，而是根据互动者对相关问题的思想观点而形成的。另外，网上互动能够帮助维持社区的存在和正常运行，它可以通过一些技术控制方法与调节制度建立起成员的共同价值观和行为规范，网上互动也能够建立起解决社区群体生活所必需的机构以及形成社区中的分层体系。所以，网上的互动能够形成社区。

6. 圈子 ❸

目前，按圈子生产的方式及目的，我们可以将其分为社会圈和品牌圈两大类。社会圈是由兴趣爱好相同或价值观相一致的消费者自发形成的圈子，不属于某个品牌，也不以某个特定的品牌为维系元素，如常见的"驴友"、"暴走族"等。品牌圈是一种有目的和意义的生产，简单地说，它是一种被生成的圈子，往往是在品牌主导下而建立的圈子。相比自发形成的社会圈所具有的旺盛的生命力，高活跃度、高民主性和高开放性，被生成圈子关系更简单，但资源的支持力度更大。

7. 口碑

Emanuel Rosen 和 Roger E. Scholl 给口碑下的定义是："口碑是关于品牌的表述，它是人们对产品、品牌和企业的评价表述的集合。"❹

马克·休斯认为："口碑营销，就是要吸引消费者和媒体的强烈注意，强烈到谈论你的品牌或你的公司已经变成甚具乐趣、引人入胜、有媒体报道价值的程度。"❺

蒋玉石认为："所谓的口碑营销是由生产者、销售者以外的个人，通过明示

❶ 朱肖维. 混合网络环境下网络集群行为的实证研究[D]. 上海：上海交通大学硕士学位论文，2010：8.
❷ 刘瑛，杨伯溆. 互联网与虚拟社区[J]. 社会学研究，2003（5）.
❸ 陈安妮. 新社交下的品牌营销变革——论社会化网络时代向社会化圈子时代的演进[J]. 现代商业，2015（2）：35-37.
❹ Emanuel Rosen, Roger E.Scholl.The Anatomy of Buzz: How to Create Word-of-Mouth Marketing[M]. New York：Random House：2000：44-47.
❺ （美）马克·休斯. 口碑营销[M]. 李芳龄译. 北京：中国人民大学出版社，2006：3.

或暗示的方式，不经过第三方处理加工，传递关于某一特定产品、品牌、厂商、销售者以及能够使人联想到上述对象的任何组织或个人信息，从而使被推荐人获得信息、改变态度、甚至影响购买行为的一种双向互动的传播行为。"❶

二、垂直网络广告 ❷

垂直网络广告是指广告发布主体利用网络广告投放平台，为不同行业的广告客户提供针对其特定目标客户群的细分广告服务，让广告的受众能够从互联网快捷地获得所需要的行业或商品类别信息。以 CPM 为主要计费方式。从内容可以看出，垂直网络广告的目标对象更精准、行业针对性更强、技术要求更高，而 CPM 作为品牌广告的计费方式也是相对科学和客观的。

1. 网络分享行为 ❸

网络分享行为指用户不计酬劳地将知识信息、新闻信息、情感信息及娱乐信息等发布在互联网平台，与他人共同享受和使用，其中这些信息可以来自分享者的原创，也可以是分享者认可的非原创资源。

首先，网络分享行为的主体是普通网民，他们所分享的信息不代表任何企业或者正规组织的意愿，完全是按照自身的想法来表达。

其次，网络分享中的不计酬劳特指没有真实的货币交易，网络上的虚拟货币由于其没有广泛的通用性，而只是作为刺激用户分享的一种工具，所以不将其列入酬劳范围。

再次，网络分享的内容可以是网民发布在网络上可供其他人使用的各种信息，从形式来看，可以是文字、图片、音视频等，从内容来看，可以是观点评论、心情记录、娱乐资源等。

最后，分享内容的发布平台随着互联网的快速发展，形式更加多样，用户的选择空间更大。

网络分享的主体是分享内容和分享参与者，关于网络分享的参与者，《互联网心理学》中指出，互联网分享行为相关的群体被称为网络资源相关群体，包括互联网信息共享和交流过程中的信息资源提供者和资源的接收者。

在网络分享的行为表现方面，"网络共享无处不在"一文中详细阐述了目前的网络分享形式和内容，从分享内容的呈现形式来看，网络分享可以分为即时分享和延时分享，即时分享指利用即时通信工具 MSN、QQ 等进行的网络资源分享，延时分享是指跨越时间限制的分享，以邮箱、文件中转站等网络工具进行资源发布和传送；从所分享资源内容层面来看，网络分享包括文档分享和多媒体信息分享，文档分享以文字内容为载体，多媒体信息分享则包括音视频等信息

❶ 蒋玉石.口碑营销概念辨析[J]..商业现代化，2007（1）：136.

❷ 张旭光，李一凡.垂直网络广告市场前景探析[J].合作经济与科技，2010（20）：95-97.

❸ 李莹莹.网络分享心理研究[D].武汉：华中科技大学，2012.

形式的分享。

2. 用户留存率 ❶

在互联网行业中，用户在某段时间内开始使用应用，经过一段时间后，仍然继续使用应用的被认作是留存，这部分用户占当时新增用户的比例即是留存率，会按照每隔 1 单位时间（例如，日、周、月）来进行统计。顾名思义，留存指的就是"有多少用户留下来了"。留存用户和留存率体现了应用的质量和保留用户的能力。任何应用都希望用户数能快速增长，不过单纯吸引新用户并非最明智的做法。无论是靠流量还是靠付费生存的应用，都需要保持用户的活跃度。一旦用户的活跃度下降，就意味着用户的离开或流失。基于此，引入"留存"的概念用来分析应用或者网站的服务效果，是否能够留住用户。

3. 运营

产品运营：❷

产品研发期——产品上线前：首先，产品运营要搞清楚产品的定位以及目标用户。

产品种子期——产品内测期：在这个阶段，产品运营的主要目的在于收集用户行为数据和相关的问题反馈，和产品策划一起分析讨论，进行产品优化。

产品成长期——产品爆发期：产品要爆发，活动是必不可少的一部分。

产品成熟期：稳定期对产品意义重大的就是小版本的迭代更新。产品运营就是要起到产品策划和用户之间的桥梁作用。

产品衰退期：这个阶段，用户的流失加剧，用户活跃度也明显下滑，营收贡献也急剧下降。公司策略方面：技术的支持减少，新产品开始推出。

内容运营：❸

互联网媒体内容运营模式的变革：对传统媒体内容的盘剥和压榨模式—数据库构建内容的模式—发动用户参与构建内容的模式。

◇小结

本章梳理了 Web2.0 前半阶段数字营销的主要形式，包括博客、RSS、播客、IM、SNS、网摘和维基百科。从消费者的分化和消费行为的转变，分析 Web2.0 时代下，消费者的特性，并以此为依据分析 Web2.0 时代的新型广告营销传播模式，探析其广告传播的本质特征，最后辅以具体案例分析。

---

❶ 用户留存率[EB/OL].百度百科，[2012-05-23].http://baike.baidu.cone/view/4862186.htm.

❷ 产品运营入门：如何为你的产品吸引100W+的用户[EB/OL].http://www.osshare.com/?p=732.

❸ 周艳.解析互联网媒体的内容运营和广告营销新模式[J].现代传播（中国传媒大学学报），2011（12）：105-109.

第五章　Web2.0（2008年至今）数字营销的策划与创意

随着Web2.0时代的到来，信息技术发展强劲，开心网、人人网、微博等相继走红，Facebook、Linkedin、Twitter等社交网站是最初具有代表性的社会化媒体。2008年年底，孟买恐怖袭击事件中，Twitter因其即时、真实的报道引发全球热议，社会化媒体爆发出了意想不到的能量：瞬时分享、即时互动、裂变传播、多层响应，社会化营销的趋势已经势不可挡。目前，社会化媒体已成为人们社会交往中最重要的黏稠剂。

第一节　社会化媒体营销概况

一、社会化媒体和社会化媒体营销

"社会媒体"来源于英文"Social Media"一词，国内学者有"社交媒体"、"社会化媒体"、"社会性媒体"、"社交网络媒体"、"大众媒体"等不同的叫法。近年来，对于社会化媒体的概念并没有形成统一、权威的界定。

维基百科上的解释是：社会化媒体是人们彼此之间用来分享意见、见解、经验和观点的工具和平台。平台具有高度的交互性和扩展性，它以Web2.0和移动应用技术为基础并制造双向对话，鼓励新用户生产内容。社会化媒体和一般的社会大众媒体最显著的不同是，赋予用户享有更多的选择权和编辑能力，让用户自行集结成某种阅听社群。社会化媒体包括了内容社区、BBS、交友网站、博客、微博等个性化自媒体和窄众媒体。

美国的戴维·米尔曼·斯科特认为："社会化媒体是人们彼此分享见解、信息、思想并建立关系的在线平台。社会媒体与所谓'主流媒体'的区别在于，每个人都可以创建、评论和添加社会媒体内容。社会媒体可以以多种形式呈现，包括文本、音频、视频、图片和社区。"

在社会化媒体环境下，企业的营销传播方式已经产生了巨大的变革。著名调研机构 Marketing Sherpa 在其调研报告中指出：社会化媒体营销是一种基于社会化媒体，在企业、影响者、信息搜寻者和消费者之间能够彼此简化对话形式并且实现内容分享的实践。这种实践需要基于不同的网络在线平台以及其他一些相关的 Web2.0 技术来实现。

传统的营销广告模式是企业进行单方面的信息传输，很少强调用户体验和信息反馈。而社会化媒体营销关注客户对产品的口碑、与客户的交流以及品牌的美誉度，最终形成基于社会化媒体等平台的口碑营销，保持品牌美誉度。社会化媒体营销是企业和受众进行双向沟通的有效渠道，同时也是与用户创建友好关系的基础。

以陈林为代表的实践派认为，社会化媒体的核心在于聚合。社会化媒体本身拥有不可比拟的"群体影响力"，使消费者在互联网上不再是单一的个体，并且通过沟通和互动，企业可以在线上聚合消费者，影响消费者，并最终实现品牌传播。从这一角度，社会化媒体营销是利用"群体影响力"实现口碑营销的营销方式。

二、社会化媒体营销的基本特征

社会化媒体营销不同于传统的网络营销，具有以下基本特征。

1. 以人为本

社会化媒体营销的核心是"用户"，用户成为信息的传播者和接收者，社会化媒体营销基于用户，打破了企业与用户之间的隔阂。通过社会化媒体平台，企业可以与用户进行即时沟通和紧密的互动，以用户为中心，满足用户的需求。社会化媒体营销具有长期性，企业与用户建立一种长期、可持续、高忠诚度的关系。

2. 互动性强

传统的营销方式是单向传播，企业是信息的传播者，用户是信息的接收者。社会化媒体营销是企业与用户的双向沟通，鼓励用户参与到企业的营销过程之中，满足用户表达的欲望，企业与用户之间的距离被拉近。企业主动融入用户群体之中，了解他们的需求，并鼓励用户将产品的体验和建议反馈给他们。

3. 传播速度快

社会化媒体营销是一种基于 Web2.0 网络应用平台的营销方式，兼容了大众传播方式和分众传播方式，使传播变得方便和高效。社会化媒体平台的传播途径是基于企业与消费者之间的人际关系。用户通过社会化媒体平台的分享、转发、评论、回复，将自己的体验和感受传递给身边的朋友。用户参与到企业营销的过程中，产品的信息不断地被扩散、议论，很短的时间内就能在网络中流行起来。

4. 精准性高

如今是信息爆炸社会，互联网中海量的信息令消费者目不暇接，企业也面临着同样的考验。社会化媒体营销能够为企业提供更加精准的营销方式，企业通过用户发布在社会化媒体平台上的状态和新鲜事，及时追踪用户的爱好和需求。通过关键字搜索到目标客户，在合适的时候将产品信息定向发送给目标消费者。

第二节　微博营销

微博营销属于社会化媒体营销的一种，即利用微博平台来进行营销、销售、公共关系处理、客户服务维护及开拓的一种方式。一般社会化媒体营销工具包括论坛、微博、IM、博客、SNS社区、图片和视频分享等。

一、微博营销概况

微博营销是在信息爆炸时代背景下的产物，因借助微博的繁荣而以迅猛的姿态席卷互联网。2009年8月中国门户网站新浪推出"新浪微博"内测版，用户可以通过网页、WAP页面、手机短信和彩信发布140字以内的消息或图片。微博凭借其方便、简短的文字发表方式和丰富多彩的互动形式成为当前盛行的社会化媒体形式。截至2013年上半年，新浪微博注册用户已达到5.36亿，2012年第三季度腾讯微博注册用户达到5.07亿。

微博营销是一种基于Web2.0的新媒体营销模式，企业可利用微博发布新闻，宣传其产品与文化，并在此基础上构建一个有固定圈子的互动交流平台。❶ 企业通过微博宣传企业文化、提供客户服务、收集市场信息、进行产品促销等营销活动。微博营销利用转发、图片发布、视频分享、微话题、应用广场等功能实施一系列营销活动，但是微博因其自身的特性，并不能作为万金油。

微博的优势如下：

1. 发布快、成本低

一条微博可以实现几秒钟迅速发布，微博平台不需要经过传统广告审核的过程。文字方面因为140字的限制，只需稍微构思便可以完成一条微博信息的撰写，时间成本低。

2. 富媒体

运用富媒体技术，一条微博可以结合文字、图片、视频、声音等多种方式展现广告内容，有利于受众接收和理解广告信息，有利于加深受众的品牌体验，在多媒体形式的深入沟通中提高他们对品牌的关注度，同时发掘更多的潜在受众。

---

❶ 郑娜. 我们如何围好这条"微博"[J]? 中国商界，2010（2）：165.

3. 互动性强

相比传统广告，微博平台为广大网友提供了一个交流互动的平台。微博具有即时性，并且通过不断地转发形成不同程度的消息延续性。企业可以通过微博及时与粉丝沟通，获得重要的用户意见和用户反馈。一条广告微博引发裂变式传播，兼备了口碑传播和互动的两种作用，促使广告信息以最快的速度传播给每一个潜在消费者，达到营销推广目标，促进销售。

在微博营销时代，交流互动是其本质特征。微博参与度高，粉丝不仅仅接收信息，还作为评论者、传播者和潜在的消费者。

2013 年夏天，可口可乐在全国掀起了一场"换装"热潮，在瓶身和瓶盖上印上"文艺青年"、"小清新"等几十个亚文化标签。为了更广泛地推广活动，可口可乐借助名人，赠送了印有名人名字的可口可乐，得到专属可乐的名人在微博上晒图，瞬间引爆粉丝的热情。可口可乐官方微博调动粉丝的参与互动，随后，可口可乐公司满足粉丝们的愿望，为粉丝定制专属他们自己的可乐瓶，赢得粉丝的一致好评和热情参与，提升了企业及品牌的人气。

微博的劣势如下：

1. 信息海洋

根据新浪财报统计，新浪微博用户每日发博量超过 1 亿条。在庞大的信息海洋里，一条微博广告很容易石沉大海。

2. 硬广告容易引起受众的反感

当微博广告信息太过于明显或庸俗的时候容易引起受众的反感。

二、微博营销的基本策略

1. 事件营销

所谓事件营销是指企业通过策划、组织和利用具有新闻价值、社会影响以及名人效应的人物或事件，吸引媒体、社会团体和消费者的兴趣与关注，以求提高企业或产品的知名度、美誉度，树立良好的品牌形象，并最终促成产品或服务的销售的手段和方式。由于这种营销方式具有受众面广、突发性强，在短时间内能使信息达到最大、最优的传播效果，为企业节约大量的宣传成本等特点，近年来越来越成为国内外流行的一种公关传播与市场推广手段。❶

2011 年杜蕾斯官方微博曾借力北京暴雨这个新闻事件进行过事件营销。2011 年夏天，北京一场突如其来的暴雨导致地面出现严重的积水。杜蕾斯企业微博幕后团队策划事件营销，开展了"穿着杜蕾斯鞋套去看海，走雨路不湿鞋"的话题营销，将其制作成教程，由"普通粉丝"发布在微博上，经过"杜蕾斯官方微博"的转发，引起很多被困暴雨中人的关注和共鸣，粉丝量、转发量和

---

❶ 董亚辉.我国企业绿色营销问题分析及对策研究[J].中国商贸，2011（8）.

评论量大增。这次营销堪称是杜蕾斯最成功的一次事件营销。借力北京大雨和创意进行产品的宣传，话题有趣，事件新鲜，获得了大量用户的好评，互动效果良好，成为当时最为成功的微博事件营销案例。

2. 精准营销

"精准营销就是在精准定位的基础上，依托现代信息技术手段建立个性化的顾客沟通服务体系，实现企业可度量的低成本扩张之路。简单来说，就是公司需要更精准、可衡量和高投资回报的营销沟通，需要更注重结果和行动的营销传播计划，还需要越来越注重对直接销售沟通的投资。"❶

3. 互动营销

受众的互动参与是企业实现广告传播的一种有效方式，在如今的网络环境下，受众不再是单纯的信息接收者，而是集信息生产者、传播者和消费者于一身的网络用户，他们的自主性得到前所未有的提升。

4. 情感营销

建立受众与品牌之间的价值交流链接，建立并维持与顾客的良好关系。通过树立以消费者为中心的观念，切实关心消费者利益，提高消费者的满意度；加强与顾客的联系，增进双方感情。据统计，一个满意的顾客会引发8笔潜在的生意，其中至少会有1笔成交；而一个不满意的顾客会影响25个人的购买意愿；同时，争取一位新顾客所花的成本是保住一位老顾客所花费的6倍。我们可以将微博营销的传播看作一个持续循环的过程，因此为了维系消费者对品牌持续的关注和介入，可以通过情感营销的手段建立消费者与品牌之间持续的价值交流，从而实现品牌长期持续地发展。

三、碧浪微博运营案例

碧浪是全球洗涤用品龙头，宝洁公司旗下著名洗涤品牌，深受消费者喜爱。碧浪洗衣粉于1967年在德国推出，是世界上第一款加酶洗衣粉。如今，碧浪洗衣粉已被引入160多个国家和地区，成为世界上最畅销的国际性洗衣粉之一。自1993年进入中国以来，碧浪一直致力于创新洁净技术，力图为中国消费者带来洁净如新的完美洗涤体验。"在2009年品牌排行榜中，碧浪的品牌价值跻身Top100，超越了奢侈品牌Gucci及瑞典家居品牌宜家，品牌影响力深入人心。2011年，碧浪全新升级，力邀小S作为代言人，凭借其出众的活力感、时尚感和亲和力传递了碧浪'洁净如新'的时尚定位。同年10月，碧浪成为2011年上海时装周官方合作衣物洗护品牌，并邀请了100位时尚人士共同见证碧浪洁净如新的完美技术。"❷

❶　李俊. 中国移动集团公司营销战略研究[D]. 上海：上海财经大学，2007.

❷　碧浪品牌[DB/OL]. http://baike.baidu.com/view/586757.htm.

2011 年,碧浪品牌企业微博获得了包括新浪官方和《创业家》杂志颁发的"最互动"奖。2012 年,"碧浪品牌企业微博获得'2012 年度十佳企业官方微博'。"❶

碧浪官方微博运营思路:

(1)情感营销,强化用户关系。成功的企业微博离不开准确定位。碧浪官微自称"浪姐"。浪姐是一位平易近人、开朗幽默的御姐,她爱时尚、爱音乐、爱娱乐、爱八卦,懂得生活、懂得倾听、懂得分享,并且幽默睿智,语风犀利,同时不失温柔、感性,正如同品牌代言人小 S 所传达的感觉。浪姐建立的就是这样一个拟人化的形象定位,拉近了与用户之间的距离,给人留下了亲切、温馨的印象。与此同时,碧浪姐还会抓住时下的热点,结合品牌和产品特性进行品牌和产品宣传,赢得用户的好感。设置拟人化的自我介绍,撰写生活化的博文等做法,都是企业在微博营销中可以借鉴的情感营销手段。

(2)打造内容营销。当下的互联网信息时代,造成了人们接收信息时间的碎片化,而智能手机所具有的信息实时更新与发送功能,以及微博本身所具有的信息碎片化的特点,有效地利用了人们碎片化的时间。碧浪的企业微博运营一般遵循日常发博+业务宣传的原则,令目标受众群体感兴趣,坚持内容为王,给粉丝发布有营养的博文。

(3)互动营销打造人气,有效提升粉丝数。很多企业虽然开通了官方微博,但是传统的单向沟通思维依然根深蒂固,花很多时间发帖子,与网友的互动却相对滞后,其实互动对粉丝黏性的影响更大。碧浪抓住用户"玩"微博的心态,以"无互动,不微博"为原则,尽量和每一位粉丝、每一个潜在消费者互动,运用轻松的语言,建立情感上的连接。碧浪从第一天有微博开始,就对至少 90% 的评论及时反馈互动,形成了良好的用户沟通体验,提升用户好感。除此之外,还需要与其他微博名人建立联系,扩大影响力。针对明星、意见领袖等需要主动进行沟通互动,而对草根微博则选择参与目标用户感兴趣的话题,与目标用户群体感同身受,从而达到层层递进、深入传播的效果。

↘ 第三节 微信营销

微信是 2011 年 1 月由腾讯公司推出的一款与智能手机结合的免费应用程序,可以提供即时通信服务,通过微信可以发送文字和图片、可以进行多人语音对讲,是一款方便、快捷的手机通信类软件。微信是一款 IM 社交软件,以手机通信录联系人和 QQ 好友为基础,建立起与联系人的连接,并在此基础上通过信息推送

---

❶ 碧浪官微获得2012年度十佳企业官方微博[N/OL]. http://news.365jilin.com/news/20121107/411552.html.

技术实现免费短信聊天、视频音频聊天和个人状态同步等功能。微信将人际交往转换到移动互联网的平台上，使移动终端成为新的社交平台。❶

一、微信营销概况

微信营销是信息经济时代，以微信用户为依托，以微信用户数据为背景的新型企业营销模式，是一种基于微信用户群落和微信平台的网络营销方式。随着微信用户的迅猛发展，微信逐渐成为近5亿用户的一种生活习惯，我们的生活方式也在随着微信的出现而悄然发生着变化。微信的朋友圈功能使得用户不仅可以与微信好友一起分享照片和文字信息，还可以将其分享到微博。这个平台的内容更为丰富而且可以通过链接与其他互联网产品对接，导入和输出内容，推动微信从简单的聊天工具转变成一个移动社交网络平台。

微信作为即时聊天软件，与传统沟通方式（例如短信）比较，资费低，更灵活、便捷。微信具有如下特点：

（1）传播主体属于强关系；

（2）传播内容具有保密性和实时性的特点；

（3）传播媒介以智能手机终端为载体；

（4）传播效果更快捷。

微信营销具备如下优势。

1. 受众群体数量庞大

据2015年腾讯业绩报告，微信每月活跃用户已达到5.49亿，用户覆盖200多个国家、超过20种语言，25%的微信用户每天打开微信超过30次，55.2%的微信用户每天打开微信超过10次。

2. 互动性

微信作为点对点、互动式的营销平台，企业可以利用微信平台，与用户进行及时、有效的互动交流，例如通过聊天、解答疑惑等方式，与用户建立联系、强化关系，确保信息通畅无碍，更可以实现深度交流。

3. 信息的到达率高

微信的强制推送功能提升了信息的准确性和实时性，确保信息能够准确无误地到达目标用户。微信可以用推送通知的形式发送信息，信息的到达率和传送到达率都比微博有优势。微信摆脱了电脑的限制，只要有手机，就可以与用户互动并开发潜在消费者，营销的时间和空间得到了延伸。

4. 定位精准

通过移动终端，结合地理位置、社交网络等功能，可以实现实时推送。通过公众平台具有针对性地向某一用户进行精准消息推送，也可以对某一区

---

❶　于瀚强. 基于微信的企业网络营销模式探讨[D]. 大连：大连海事大学，2014.

域或某一位置进行消息推送。这些消息包括了产品消息、会员活动、时政新闻等。

5. 企业品牌形象塑造

微信通过运营开放式企业品牌公众平台，有助于提升企业形象和品牌宣传。企业可以通过做好品牌微信运营，来展示自身的公益形象，提升企业美誉度和客户忠诚度。从营销平台的角度分析，例如，"美丽说"的订阅用户可以在自己的微信中分享与"美丽说"有关的内容，促使"美丽说"的商品不断传播；微信通过公众平台，可以对目标客户群进行沟通和互动。

微信营销具有如下劣势。

1. 用户参与体验的局限

目前，微信营销采用信息单向沟通的方式，导致粉丝与品牌之间的互动性较低。

2. 用户隐私以及安全保护

微信是以位置信息为基础的社交平台，个人隐私保护存在一定的安全隐患。另一方面，微信用户实名认证功能缺失，管理方式不够严谨，一旦被投机者抓住漏洞，网络诈骗及恶意透支消费极易发生。

二、微信营销的基本方式

微信作为社交平台，具有较高的市场价值和营销潜力。众多企业纷纷尝试进行微信营销，但目前企业微信营销还停留在初级阶段，不具备规划性和战略性，目前市场上采用的营销模式有如下五种。

1. 草根广告式

基于 LBS 功能，"查看附近的人"，对周边微信用户进行推广和营销植入。微信利用"发现"这一功能中的"查看附近的人"插件，可以查找到用户位置附近的其他用户，并获取附近用户姓名和性别等相关信息以及签名栏的内容。而签名栏正是许多商家的免费广告位，他们可以利用这里来进行品牌宣传。微信用户群体规模不断扩大，签名栏势必可以成为商家的黄金广告位。

2. 品牌活动式

"漂流瓶"。漂流瓶的"扔一个"和"捡一个"功能,使得用户可以通过语音、文字与其他用户展开互动交流。目前，运用漂流瓶开展营销比较成功的案例是招商银行的爱心漂流瓶活动，用户通过"漂流瓶"或者"摇一摇"功能，参与或者关注"招商银行点亮蓝灯"活动，招商银行便会为自闭症儿童捐送积分。这种通过简单互动就可以献爱心、做善事的活动，吸引了广大用户参加并乐在其中。

3. O2O 折扣式

扫一扫。通过扫描识别用户的二维码身份的方式添加朋友。利用二维码开展商业运作的方式被商家深度挖掘，结合O2O展开商业活动也成为微信营销的一种方式。通过扫描二维码图案，微信会帮用户链接到商家网页界面，用户通过这种方式可以获取折扣和优惠，这种O2O的营销方式受到了用户的欢迎。

4. 互动营销式

微信公众平台。互动性和精准推送信息是微信营销的特色。对于大众化媒体、明星以及企业而言，如果微信开放平台加上朋友圈的社交分享功能，已经使得微信作为一种移动互联网上不可忽视的营销渠道，那么微信公众平台的上线，则使这种营销渠道变得更加细化和直接。商家可以通过公众平台向粉丝推送商家资讯、产品更新信息、折扣活动等与商家品牌和产品有关的内容，咨询、客服等功能也逐步展开。

5. 微信开店

微信开店（微信商城）是由商户申请获得微信支付权限并开设微信店铺的平台。2014年5月29日，微信正式上线"微信小店"，凡是开通了微信支付功能的认证服务号皆可在公众平台自助申请"微信小店"。"微信小店"的上线意味着企业转型电商将在技术上实现"零门槛"。"美丽说"等首批参与"微信小店"内测的微信服务号已上线，"美丽说"定位于为女性用户服务，借助"微信小店"提供的开店、商品上架、货架管理、客户关系维护、维权等功能，"美丽说"将其微信服务号打造成了一个"掌上商城"。通过用户在微信朋友圈中分享的方式得以推广和传播，并由此形成良好的口碑。

第四节　移动媒体营销

一、移动媒体营销概况

中国互联网络信息中心（CNNIC）发布的第36次《中国互联网络发展状况统计报告》显示，截至2015年6月，我国网民规模达6.68亿，互联网普及率为48.8%（图5-1）。移动商务类应用发展迅速，互联网应用向提升体验、贴近经济方向靠拢。我国手机网民规模达5.94亿，较2014年12月增加3679万人，网民中使用手机上网的人群占比由2014年12月的85.8%提升至88.9%（图5-2），随着手机终端的大屏化和手机应用体验的不断提升，手机作为网民主要上网终端的趋势进一步明显。移动商务类应用发展迅速，助力消费驱动型经济发展，移动互联网技术的发展和智能手机的普及，促使网民的消费行为逐渐向移动端迁移渗透。由于移动端即时、便捷的特性更好地契合了网民的商务类消费需求，伴随着手机网民的快速增长，移动商务类应用成为拉动网络经济增长的新引擎。2015年上半年，手机支付、手机网购、手机旅行预订用户规模分别达到2.76亿、

2.70 亿和 1.68 亿，半年度增长率分别为 26.9%、14.5% 和 25.0%。❶

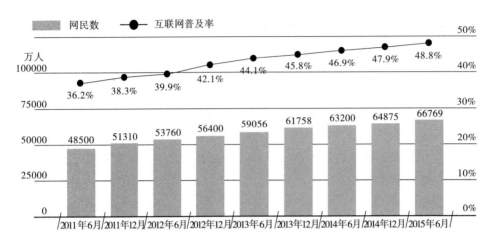

图5-1　中国网民规模和互联网普及率

（资料来源：第36次中国互联网络发展状况统计报告[R]）

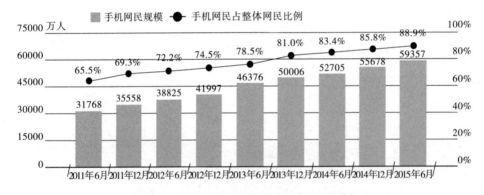

图5-2　中国手机网民规模及其占网民比例

（资料来源：第36次中国互联网络发展状况统计报告[R]）

　　美国移动营销协会（AMA）在 2003 年将移动营销定义为：对介于品牌和终端用户之间作为通信和娱乐渠道的移动媒体的使用。移动营销是随时随地都能够带来即时、直接、交互沟通的一种营销渠道，概言之，就是透过移动渠道来规划和实施想法、对产品或服务进行定价、促销、流通的过程。

　　无线广告组织（WAA）在 2004 年将无线营销定义为通过无线网络向移动设施，如手机、PDA 发送广告信息。

　　冯和平和文丹枫在《移动营销》一书中把移动营销定义为"移动营销就是利用手机、PDA 等移动终端为传播媒介，结合移动应用系统所进行的营销活动"。

❶ 第36次中国互联网络发展状况统计报告[R].

安志弘提出，移动营销是指在移动过程中所产生的营销。

二、移动支付

商务交易类应用稳定发展，支付工具增长明显。截至 2015 年 6 月，我国使用网上支付的用户规模达到 3.59 亿，较 2014 年年底增加 5455 万人，半年度增长率 17.9%。与 2014 年 12 月相比，我国网民使用网上支付的比例从 46.9% 提升至 53.7%。与此同时，手机支付增长迅速，用户规模达到 2.76 亿，半年度增长率为 26.9%，是整体网上支付市场用户规模增长速度的 1.5 倍，网民手机支付的使用比例由 39% 提升至 46.5%（图 5-3）。[1]

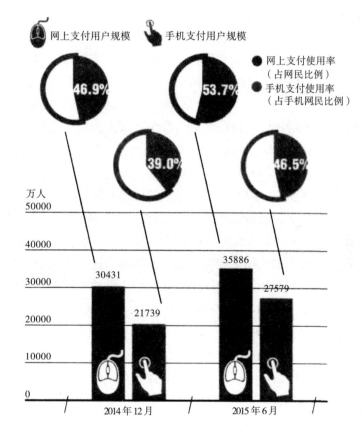

图5-3　网上支付/手机支付用户规模及使用率

（资料来源：第36次中国互联网络发展状况统计报告[R]）

网上支付工具的增长最为显著。由于移动支付技术与设备的日益完善以及"线上支付线下服务"模式的逐渐成熟，支付类工具逐渐被越来越多的用户所接受。

---

[1]　第36次中国互联网络发展状况统计报告[R].

移动支付是一种新的支付形式，正处在日益发展的阶段中。目前，对移动支付还没有一个标准统一的定义。移动支付论坛（mobile payment forum）对移动支付给出的定义是：进行交易的双方以一定信用额度或一定金额的存款，为了某种货物或者业务，通过移动设备从移动支付服务商处兑换得到代表相同金额的数据，以移动终端为媒介将该数据转移给支付对象，从而清偿消费费用、进行商业交易的支付方式。

本质上讲，移动支付就是将移动网络与金融系统结合，把移动通信网络作为实现移动支付的工具和手段，为用户提供商品交易、缴费、银行账号管理等金融服务的业务。移动支付应该属于电子支付与网络支付的更新方式，具有明显的无线网络计算应用的特点。移动支付所使用的移动终端可以是手机，具备无线功能的 PDA、笔记本电脑、移动 POS 机等。❶

2012 年，"滴滴打车"软件在北京中关村诞生，并于 9 月 9 日正式在北京上线，此后便与正在火热发展的移动互联网行业相互交融，不断激发创新灵感。截至 2014 年 3 月底，"滴滴打车"的用户在全国已经突破 1 个亿，日均订单量也突破 521.83 万，覆盖了北、上、广、深等 178 个一线和二线城市，使用"滴滴打车"软件的司机超过了 90 万人。目前，"滴滴打车"每天为全国超过 1 亿用户提供便捷的叫车服务和更加本地化的生活方式。"滴滴打车"已经成为全国最大的打车软件平台，同时也是众多移动支付平台催生的新商业模式的代表。

移动支付营销方面，"滴滴打车"设置了高额的补贴策略，在大多数城市：司机每天会各奖励五单，乘客每天各补贴三次，每次奖励和补贴的金额都是 10 元钱，这样如果乘客所在城市汽车起步价低于 10 元，而他所需要的路程花费只是一个起步价的价钱，那么该乘客还能挣一两块钱。这种方式使得人们纷纷告知各自的亲朋好友，然后开始搜索使用该软件的人就越来越多，到后来几乎可以不用媒体的宣传就已经能达到很好的营销效果。

在 2014 年 1 月 4 日滴滴打车正式与微信达成合作关系，据不完全统计，微信国内用户高达 5 亿，滴滴打车在拥有微信入口平台之后，也借用微信这一社交平台的巨大影响力吸引了不少流量。滴滴打车通过微信平台获得流量之后也帮助了微信支付业务的发展，具体包括：通过微信支付立减 10 元，每天三次，新乘客首单立减 15 元，给新用户红包奖励，转发到朋友圈，还可以让朋友圈的好友们也得到红包奖励，这样的优惠政策受到了广大微信用户的欢迎，这对于微信支付与滴滴打车两者的发展可谓是互惠共赢。滴滴打车改变了人们的支付习惯，将支付宝、微信支付与打车软件相结合，不仅可以提升打车软件的用户体验、方便用户支付车费，更提供了典型的移动支付场景，无形之中会逐渐改变人们的支付习惯，加快电子支付方式取代纸币支付方式的进程，从而有利于

---

❶ 徐会敏. 我国移动支付市场研究及发展初探[D]. 成都：西南财经大学，2006.

移动支付业务的发展。

三、LBS 定位营销

LBS，即 Location Based Service，这项技术所提供的服务和应用的中文名称为"签到"，其主要借助的是地理位置服务软件，通过 GPS 技术定位地理坐标，达到随时随地向外界报告行踪和分享信息的目的。这些地理坐标的更新与周围的商业场所对应，用户"签到"主要有两种原因，一是向朋友圈告知地点；二是在分享信息的同时，向朋友圈推荐。当用户向朋友圈分享位置信息的时候，可能存在该地点没有对应产品或服务商家信息的情况，这时候用户可以自主编辑，锁定并更新位置信息。

这项功能成功的原因是能够在正确的时间和地点，找到正确的用户，使用新颖、直接、有效的沟通方式达到精准营销的目的。使用 LBS 服务来进行营销的商家很多，例如即时通信软件微信、新浪微博、团购网站、信息分享类平台等。其中，大众点评是代表之一。

大众点评网作为一家城市生活消费指南网站，主要致力于为中国消费者提供对本地餐饮、休闲、娱乐等生活服务发表评论、分享信息的平台，并为广大潜在的消费者提供客观、准确的本地化消费信息指南。目前，大众点评网首创的第三方点评模式吸引了千万网友的积极参与，由用户点评的包括餐饮、休闲、娱乐等 100 余万家生活服务商户已覆盖全国 2000 多个城市，且信息量和覆盖范围在不断地快速增长和自主更新中。其中，餐饮点评是发展最早也是目前消费者最为喜爱并聚集信息量最多的内容之一。

通过 LBS 平台，大众点评网把用户和商家在现实世界精准地对接起来。类似一个产品检索平台：了解价格、餐馆类型、地理位置、商家信息、用户点评、优惠折扣，大众点评网为用户提供最精确的本地化服务。大众点评和 LBS 营销的融合实现了：其一，实体商家与大众点评相结合，提升用户忠诚度。商家一般会推出一些会员卡、折扣或团购奖励或者回馈的措施，比如领会员卡 9 折优惠、节假日团购优惠、给老顾客发折扣券等。其二，口碑传播。LBS 不但能够现场记录，还能拍照上传，实时点评并分享到各社交平台。其三，了解顾客需求，改善服务质量。LBS 能够帮助商家更好地解决这些问题。除了用户的个人信息、兴趣爱好外，商家还可以通过研究用户的生活轨迹，了解竞争对手的情况，比如用户经常去光临的同行商家以及该商家什么商品最受用户欢迎和受用户喜欢的具体因素，比如口味、服务还是促销优惠等。商家可以挖掘分析用户数据，用以提高或改进自己的产品、服务质量，并及时展开具有针对性的营销活动。

四、APP 营销

APP 即应用程序，APP 营销就是应用程序营销，指的是通过智能手机、平板电脑等移动终端上的应用程序开展的营销活动。❶ 利用应用程序，吸引用户下载，由此发布产品、活动、服务及品牌信息等，进行一系列营销活动。

APP营销有多种模式，包括：植入广告模式、移植模式、用户参与模式和内容营销模式，其中植入广告模式和移植模式是最常见的两种营销模式。植入广告模式在各种游戏和功能型应用中尤为常见，简单地说，就是企业将自己的各种广告、活动、信息通过投放在一些下载量大、排名靠前的应用上，以获取用户的点击量，从而达到宣传、营销的效果。而移植模式最典型的例子要属各大电商企业，他们通过APP成功地把购物网站移植到了手机上。APP用户可以使用与Web上相同的功能并获得相同的购物体验，甚至因为便捷支付的兴起，这种模式比在Web上支付更加方便、快捷，而且一般还有许多优惠活动。

1. APP营销的特征

1）高度精准性

相较于传统的广撒网式营销，APP营销实现了目标用户的精准性。借助先进的数据库技术、网络通信技术、可量化的精确GPS市场定位等技术手段，APP突破传统营销"只能定性"的定位局限，通过手机系统的位置信息、行为信息等方式能够识别分析出用户的兴趣和习惯，企业通过分析数据可以不断满足客户的个性需求，保持与顾客长期的个性化沟通，使营销达到可度量、可调控等精准要求，建立稳定的忠实顾客群体，从而达到企业长期、稳定、高速发展的最终目的。

2）全面互动性

APP营销借助移动终端实现了随时随地互动，APP提供了比以往媒介更丰富多彩的表现形式。移动设备的触摸屏就具有很好的操作体验，文字、图画、视频等一应俱全，实现了前所未有的互动体验。而且，APP还打开了人与人的互动通道，通过在内部嵌入SNS平台，使正在使用同一个APP的用户可以相互交流心得，在用户的互动和口碑传播过程中，提升用户的品牌忠诚度

3）超强用户黏性

APP营销抢占的是用户的碎片化时间，现代人无论去哪都是手机不离身，一有空就会把手机拿出来玩，而且只要不是用户主动删除，APP就会一直存在于用户的手机里，通过推送，用户对品牌的印象不断加深，从而形成用户黏性。

2. APP营销的模式

APP营销的模式主要有植入广告、用户参与和购物网站移植三种。其中，植入广告模式和用户参与模式是最常见的两种。

（1）植入广告模式。植入广告是最基本的模式，主要体现在众多功能性应用和游戏应用中，通过植入广告栏，使用户点击广告栏即可以了解广告、参与

---

❶ 菲利普·科特勒.营销管理[M].中国人民大学出版社，2013：102.

活动或者下载新应用。这种模式操作简单，只要将广告投放到那些下载量较大的应用上即可达到良好的广告宣传效果。但是，这种模式的缺点也很明显，APP广告泛滥容易引发用户的反感心理。

（2）用户参与模式。企业将符合自身定位的应用发布到应用商店，供用户下载，方便用户直观地了解企业或产品信息。这种营销模式具有实践和互动性，促进用户了解产品，培养用户忠诚度，提升品牌美誉度。例如，社交推广类APP需要有用户的充分参与互动。星巴克设计了一个名为"星巴克闹钟"的应用，设定起床闹铃（最晚为上午9点），闹铃响起后的一小时内，走进任意一家星巴克门店，就能在购买正价咖啡的同时，享受早餐新品半价的优惠，受到了广大星巴克粉丝的喜爱。

（3）网站移植模式。即将传统网站移植到APP应用程序中，满足了用户随时随地使用的便捷性。企业在进行网站移植模式APP营销时应当以人性化地满足客户获取移动信息的需求为目的，结合具体移动终端的屏幕特点，在终端页面设置上更加注重用户的使用方便和友好体验。

五、二维码营销

1. 二维码营销概况

手机二维码是二维码技术在手机上的应用。二维码是用特定的几何图形按一定规律在平面（二维方向上）分布的黑白相间的矩形方阵，是记录数据符号信息的新一代条码技术，由一个二维码矩阵图形和一个二维码号，以及下方的说明文字组成。具有信息量大，纠错能力强，识读速度快，全方位识读等特点。将手机需要访问、使用的信息编码到二维码中，利用手机的摄像头识读，这就是手机二维码。

手机二维码可以印刷在报纸、杂志、广告、图书、包装以及个人名片等多种载体上，用户通过手机摄像头扫描二维码或输入二维码下面的号码、关键字即可实现快速手机上网，快速便捷地浏览网页、下载图文、音乐、视频，获取优惠券，参与抽奖，了解企业产品信息等功能，而省去了在手机上输入URL的繁琐过程，实现一键上网。同时，还可以方便地用手机识别和存储名片、自动输入短信，获取公共服务（如天气预报），实现电子地图查询定位、手机阅读等多种功能。随着3G的到来，二维码可以为网络浏览、下载、在线视频、网上购物、网上支付等提供方便的入口。

手机二维码的这些应用大大方便了人们的生活，也创造了一个全新的营销平台。企业与商家拥有了除平面媒体、电视媒体和互联网媒体之外的另一种营销渠道。而且，通过二维码，可以把现有的主要媒体关联起来，成为"超级媒体"。条码识别的上网应用旨在进一步为用户提供便捷、高质量的移动互联网服务，同时打造有中国特色的手机二维码产业链，为企业和行业应用开辟空间。中国移动正在大力推动手机厂商对条码识别软件进行手机出厂预装，手机二维码与手机菜单、搜索引擎并称为手机上网的三大入口，让用户可以在任何地点、通过任何媒体、获取任何内容；同时，通过这种平台服务，为媒体、企业、品牌创造价值。二维码营销不仅大大增强了客户在营销"最后一米"的竞争能力，而且其随时随地"接受服务"、"参与活动"的扩展营销价值不可低估。

2. 二维码营销的优势及特点

目前，二维码在移动通信、文化演出、交通运输、金融、餐饮娱乐、旅游等多个行业展开实际应用，包括了电子票务与凭证、企业日常营销、便捷生活等方面。其特点有：

（1）便捷性。与以往所有的营销手段相比，企业与商家可以在现有的任何形式的广告中设置二维码，只要消费者拍摄了二维码就可以在任何时间和任何地点对产品进行了解。

（2）极大的信息量。用户对二维码所包含的产品信息的了解是全方位的，不是原有的简单一个户外或平面媒体广告内容可以相比的，也不是短短的几十秒广告可以表现的。户外广告有面积的限制，平面媒体有版面的约束，电视广告则有时间的考虑，而二维码则不用顾虑这些，它具有极大的信息量，可以用手机浏览网页上的所有内容，且不必坐在电脑前面。

（3）营销效果显著增强。移动营销推广是未来企业运用的主要趋势，以手机二维码为代表的移动营销将在很大程度上改变企业的营销方式和品牌塑造方式。手机二维码营销可以帮助企业监控营销效果，从而为之后的营销策略作借鉴。手机二维码可以在不同区域设置不同的二维码，企业和商家可以由此判断不同地区的市场状况；同时，由于手机媒体的特性，在未来，手机二维码可以精确地跟踪和分析每一个自媒体、每一个访问者的记录，包括访问者手机的机型、话费类型、访问时间、地点、访问方式以及访问总量等，为企业选择最优媒体、最优广告位和最优投放时段作出精确参考。手机二维码的应用为这个问题的解决提供了可能性，这与手机二维码的技术特点是分不开的。❶

目前，中国手机二维码的应用还处于市场培育阶段，二维码移动营销的商业模式并不清晰，改进空间巨大。一方面，大众对手机二维码并不熟悉，也正因为如此企业和手机厂商也都不急于推进手机二维码的应用；另一方面，国内标准不统一，二维码技术仍存在一定的安全隐患。

六、经典案例

Nike+Running

跑步锻炼是人们最常采用的一种身体锻炼方式，来自耐克公司的

---

❶ 慕艳平."超级媒体"手机二维码的移动营销价值及应用[J].现代商业，2013.

Nike+Running 这款 APP 将跑步变得不再无趣，使跑步者不再孤独。这款 APP 可以在世界范围内记录、测量、对比及分享他们的跑步经历。其最大的亮点是基于 GPS 定位和计算跑步里程的功能，能让跑步者轻松查阅跑步时的关键数据，追踪 GPS 定位地图，并且在跑步者每完成 1km 时会进行语音提示，播报跑步者已经完成的公里数以及所用的时间（图 5-4）。

图5-4　Nike+Running APP手机跑步界面

（资料来源：http://www.cio.com/article/2371235/apple-phone/nike--run-tracking-app-for-ios--android-is-sleek-and-easy-to-use.html）

Nike+Running 此款 APP 是最早应用于好友标签功能的应用程序之一，跑步者可以在该标签中找到他们好友圈中最活跃的跑步伙伴，并为他们加油助威，具有良好的互动性和趣味性。用户还可以在跑步过程中启动专属激励歌曲，激发潜力，刷新纪录。此外，全新的 Nike+Running 体验还以更具针对性和更鼓舞人心的新功能来激励跑步者，完成跑步、做好记录之后，跑步者甚至可以通过 Nike+Running 该款 APP 在社区分享跑步经历，该社区创建于 2006 年，至今已有将近 700 万的注册用户。

其次，售卖辅助产品。以美国市场为例，Nike+ 推出一年后，截至 2007 年年底，耐克就卖出了超过 130 万件的 Nike+iPod 运动套件（每件 29 美元），50 多万件的 Nike+ 运动臂带（每件 95 美元）。数据上的收获更是丰厚：这一年，共有 170 多个国家的 60 多万名跑步者通过 Nike+ 系统，上传了 4000 万 mi 的跑步里程，相当于绕赤道跑了 1600 圈。❶

最后，节省广告费。通过开发 Nike+ 平台，实现了良好的广告传播效果，跑步用户通过使用 APP 后在微博、微信等社交网络上分享和告知身边的朋友。

---

❶ Social Beta[EB/OL].http://socialbeta.com/t/app-marketing-nike.

1997 年时耐克在传统媒体上的广告预算占其广告总额的 60%，2007 年时这个数字已经下降到了 33%。耐克的高管说："人们现在每周三次使用 Nike+，我们无须再用广告接近他们了。"

耐克全球跑步品类副总裁杰米·马丁（Jayme Martin）表明："Nike+Running 体验是我们为跑步者提供的最人性化、最具激励性的服务方式之一。我们将凭借这种集联动性、社区化、互动分享功能和数据化评估等特点于一身的全新服务模式，掀开跑步体验的崭新篇章。"

从营销角度来看，Nike+ 这款 APP 的开发和推广充分体现了用户参与的模式，与用户建立了一个牢固互动的关系，不断实现用户的需求、完善自己的产品和服务，满足用户的真实体验，使消费者感受到企业的文化和内涵，实现口碑传播。

↘ 第五节　网络视频营销

一、网络视频营销概况

中国互联网络信息中心发布的第 36 次《中国互联网络发展状况统计报告》显示，截至 2015 年 6 月，中国网络视频用户规模达 4.61 亿，较 2014 年年底增加 2823 万人，网络视频用户使用率为 69.1%，比 2014 年年底上升了 2.3 个百分点。其中，手机端视频用户占总体的 76.8%，比 2014 年年底提升了 4.6 个百分点，移动视频用户的增长依然是网络视频行业用户规模增长的主要推动力量。❶

移动互联网的发展促进了网络视频的发展，改变了用户观影的习惯，用户可以通过 PC 客户端、移动手机客户端随时随地观看网络视频。网络视频作为一种低成本、高需求的娱乐活动，受到了广大用户的喜爱。随着整体市场环境的逐步成熟和发展，主流视频网站联合各方力量，打击盗版盗链，营造健康的行业影视版权环境。在视频制作及品牌营销方面更具多元化和灵活性，近年来已经成长为最重要的媒体平台和广告投放平台之一。

"网络视频营销是建立在互联网及其技术基础之上，企业、各组织机构、个人及视频网站等为了达到营销效果和目的而借助网络视频的介质发布企业或组织机构的信息、展示产品内容和组织活动、推广自身品牌，通过网络视频把最需要传达给目标受众的信息发布出去，传播或宣传组织或个人品牌、产品和服

---

❶　第36次中国互联网络发展状况统计报告[R].

务的营销活动和方式。"❶

二、网络视频营销的类型和特征

1. 网络视频营销的类型

1）微电影

"微电影是一种带有故事性，片长在 40min 以内的微型短片，通常创作者会以一些出乎意料的结局或不常见的奇特拍摄手法，希望在短时间内吸引观众，直接切入故事的主题或氛围。"❷

微电影营销是一种以微电影为媒介进行营销活动目的的营销类型。商业微电影是企业为了推销自己的品牌或者产品而有意创作的，以引导消费者消费行为的新型商业广告。微电影凭借其时长短、便捷性、可看性高、与观众的互动性强、广告植入灵活的优势，逐渐摆脱单一的广告形式，成为融入了产品理念和品牌功能的有内容、有情节、有卖点的广告故事短片，深受观众的喜爱。

2）网络剧

网络剧从形式上看类似于电视剧，但从内容、意义上讲却是比电视剧更贴近、更符合现代人生活规律和生活现实的一种艺术形式。由于网络剧大多源于现实生活，因此更能引起观众的共鸣，得到更多观众的认同。

3）网络自制节目

网络自制综艺规模化，是 2015 年网络视频的重要趋势，以内容为中心，用独特、新颖的娱乐视角去挖掘看点，打造品牌网络自制综艺类节目。中国首档说话达人秀《奇葩说》，播出后迅速引爆话题，成为"互联网现象级综艺节目"，吸引诸多广告主追投，以年轻人喜欢的方式开辟网络视频营销的新领地，得到了观众口碑和商业市场的双重肯定。

4）电影

由于电影的高制作要求、高成本等原因，视频网站在自制电影的投放上都比较谨慎，目前国内很少有视频网站独立出品电影的案例。

2. 网络视频营销的特征

1）成本低

视频网站盈利模式多元化，如病毒视频、贴片广告、UG 视频、品牌植入视频、"屏购"模式、体验视频等，相比传统的电视广告拍摄或者冠名节目等方式的成本更低。

2）传播迅速、范围广

网络视频从发布到传播迅速，用户观看和传播视频不受时间和空间的限制，

---

❶　姜丽.网络视频营销的模式、类型和策略研究[D].武汉：华中科技大学，2013.

❷　朱育达（2010）.关于我们.微电影，取自http：//www.mircofilm.com.tw/about/.

其传输速度是传统媒体无法比拟的。其传播范围远远大于传统视频。

3）内容为王

高质量的内容是网络视频营销的王牌。如微电影，"尽管微电影的播放时间很短，但电影结构和故事情节却与传统电影同样完整，剧情扣人心弦、场面宏大，观众同样能感受到较强的影音效果。"❶

4）双向沟通

网络视频营销具有双向沟通性，用户可以对网络视频进行自由的评论、转载、分享等互动行为，颠覆了传统的被动式的观赏方式，用户的反馈提升了营销的效率，企业根据受众的反应评估营销活动并及时调整，以达到营销效果的最大化。

三、网络视频营销的基本策略

1. 整合传播营销策略

网络视频营销模式有病毒式视频营销、贴片广告、植入式视频营销、UGC视频营销、体验式视频营销、Email视频营销等，组合运用不同的营销模式，综合运用各种传播渠道，将线上与线下相结合，实现不同时间、不同空间全方位地进行传播互补，提升营销效果。

电影《失恋33天》就利用了整合传播营销策略。《失恋33天》拍摄了一组名为《失恋物语》的短片，从不同的城市选取年轻人讲述自己的失恋经历，然后在微博等平台投放，引起了巨大反响和共鸣。除了片方的短片，网友们自发地拍摄了20多个不同城市、不同方言、不同版本的《失恋物语》，一时间，各大网站关于"失恋"的话题层出不穷，"失恋物语"系列在各大视频网站的播放量超过2000万。

电影《失恋33天》建立了新浪官方微博，发布有关电影的信息，连续发起了"失恋物语"、"星座系列"视频拍摄和征集"失恋博物馆"失恋信物等活动，并最终打造了线下"失恋博物馆"。此后，由徐静蕾的KAiLA品牌设计并推出的电影衍生产品"猫小贱"在淘宝进行预售，而KAiLA品牌也通过追信平台制作生成了第一版APP，以期借助手机渠道进行"猫小贱"的宣传预售。在这样一系列的整合营销后，电影首播一周便斩获了1.89亿元票房，用不到1500万元投入最终带来3.5亿元票房。《失恋33天》APP的发布是KAiLA品牌在电影衍生品领域宣传销售的重要尝试，也是中国电影整合营销的重要尝试。在今后的电影推广宣传中，APP方式将成为重要的营销手段之一。

2. 创意营销策略

"网络视频想要吸引网络用户的眼球，要以创意取胜。微电影则创意设计情节，动画则创意设计角色，音乐电视则创意设计音乐与画面。一般的网络视频

---

❶ 燕春兰.论微电影营销[J].现代商贸工业，2012（12）.

广告运用创意策划，让广告'不像广告'，这才是创意广告的境界。"❶

制作高质量的网络视频，在运用内容创意营销策略时，就应该紧紧抓住视频内容的主题和所涉及的领域，从网民比较关注的话题中进行创意创作。

3.互动营销策略

根据关系营销理论，关系营销"是把营销活动看成一个企业与消费者、供应商、分销商、竞争者、政府机构及其他公众发生互动作用的过程，其核心是建立和发展与这些公众的良好关系。"❷

在网络视频的营销传播中，关系营销主要体现在互动性上。从消费者需求出发，满足消费者的需求，将网络视频与明星、游戏、微博、动漫等多因素相结合，打造能够满足受众互动需求的广告，精准定位目标消费群体。

网络视频营销通过 SNS 平台、微博、微信、知乎等社交网络分享并进行宣传，强调和用户的双向沟通。网络视频在网络传播过程中，不只是单向地宣传，也要广泛获取用户的反馈，及时与用户进行互动沟通。视频内容的强触发性即是"转发经济"，通过用户对视频内容"议论点"的评论、转发，使视频内容的信息像病毒一般蔓延，实现低成本、高曝光、广传播、强时效的作用，进而实现传播效果的最大化。

四、经典案例

2014 年 11 月，爱奇艺推出一档以辩论为主题的自制综艺节目《奇葩说》，给竞争激烈的市场投入一枚重磅炸弹（图 5-5）。

图5-5　《奇葩说》宣传海报

（资料来源：http://www.iqiyi.com/lib/m_208505614.html）

《奇葩说》首播就引起热议，时下的社会热点话题、本身就很有人气的导师蔡康永、高晓松和主持人马东，加上奇葩选手辛辣的角度和犀利的语言，吸引了一大批网民收看，尤其是它的口号"40 岁以上观众要在 90 后陪伴下观看节

❶　姜丽.网络视频营销的模式、类型和策略研究[D].武汉：华中科技大学，2013.
❷　邓少灵主编.网络营销学[M].广州：中山大学出版社，2009：18.

目"，更是吸引了年轻的观众群体。其字幕包装、动画设计、画面剪辑、神曲配乐、即兴弹幕等都很有吸引力，节目上线24h内点击量突破百万，播出一个多月播放量破亿，两次登顶微博话题榜，在社交媒体引发一轮又一轮话题，成为一档"互联网现象级综艺节目"。

对《奇葩说》进行分析，总体表现特点为：

（1）热点话题，语言睿智，角度犀利。爱奇艺出品的娱乐评论类节目在选材上主要选取年轻人关心的热点话题，以独特的视角进行两方辩论，各方阐发独具一格的观点，节目散发出睿智、辛辣、犀利、幽默等气质。

（2）内容优质。爱奇艺出品的节目以"高端"定位吸引用户关注，因为其出品的节目在档次上较高于其他视频网站，能够充分满足用户追求"高端"的心理诉求。

（3）注重创意。《奇葩说》能在综艺节目泛滥的今天脱颖而出，并不是单纯依靠爆点吸引眼球，而是注重创意、发掘独特视角，坚持用创意制作观众喜爱的节目。

《奇葩说》不仅受到观众热捧，其广告价值同样受到肯定，充分证明了受到观众喜爱的优质内容才会得到市场认可。美特斯邦威5000万元买下爱奇艺《奇葩说》的总冠名，成就了史上最大网络综艺节目冠名。节目播出到第二季，依然火爆，吸引了光明莫斯利安、MM豆、雅哈咖啡等品牌竞相追投。爱奇艺利用各种广告形式，全方位地展示美特斯邦威的品牌，比如视频页两侧悬停条幅广告、横幅广告、背景板展示、视频前贴片、暂停广告、主持人和奇葩选手口播等，使观众淹没在品牌的海洋，但并不感到反感。

《奇葩说》的节目定位深度契合美特斯邦威品牌"不走寻常路"的理念。"You can you bibi"的口号，也是美特斯邦威和《奇葩说》的制作团队一起交流后敲定的。

《奇葩说》在选材上主要选取包括找工作、婚恋等社会热门话题，甚至还包括"漂亮女孩应该拼别人还是拼事业"等题目，以独特、新颖的娱乐视角去挖掘看点，整理和提炼资讯内容，阐发独具一格的观点、评论。这些对于成长起来的80后、90后来说，都是他们在生活中所遇到的真实问题，深度契合目标受众。

不仅如此，为配合此次冠名，美特斯邦威还参与了《奇葩说》的制作，还为《奇葩说》定制了有趣的Logo、服装、口罩等周边产品。节目中出现的衣服和周边产品，都会在美特斯邦威门店和线上商城作各种推广，让观众在观看节目之余，也可以和美特斯邦威品牌进行线下互动，展开多维、立体的情感沟通。❶

如今作为"自时代"代表的80后、90后已然成为主力消费者，《奇葩说》作为一档85后制作给年轻人看的节目，目标受众也是年轻人群。对于一个强调不走寻常路的品牌而言，美特斯邦威看中的就是《奇葩说》的理念与内容。美

---

❶ 爱奇艺和美邦的"奇葩"营销[J].声屏世界.广告人，2015（1）.

特斯邦威的受众人群是年轻人，但是品牌会随着消费人群的年龄增长而老化，美特斯邦威现在要做的就是，在保证产品质量的前提下，品牌不断创新，抓住每个时代的年轻人。

第六节 Web2.0（2008年至今）数字营销关键词

一、连接 ❶

本文认为，连接红利的产生有两个关键点：一是节点与连接，二是数据信息。在互联网的商业模式下每个人都是一个信息的节点，每个人都是信息的采集器，每个人又都是信息的接收器与传播器，然后在跨界中完成连接。目前，连接的方式主要有两种：一是利用技术跨界，完成跨界的同时建立社群。这种方式以特有技术为手段打破了以往垄断，迎合顾客需求建立社群的方法。这种方式最成功的模板莫过于苹果旗下的 iPhone。二是凭借已有社群实现跨界，在跨界的同时吸引新的受众。这种方式以腾讯的 QQ、微信，小米盒子为代表。而 Zetta 级的大数据和相关的大数据处理技术让连接背后隐藏的相关关系变得清晰、明确，"1s定律"更使得分析效率大幅度提高，这都促使了连接的成功。

连接红利往往来自跨界，以互联网与传统行业结合最深的电商为例，电商最核心的流量有三个：资金流、信息流和物流。实际上，资金流就是信息流，物流实质上也是信息流。一旦信息可以映射到商业的各个环节，商业模式就发生了变化。信息的映射实质上打破了信息不对称的壁垒，使顾客的转换成本变得非常低，而消费者口碑传播的速度则变快了。对厂商而言，商业的本质特征并没有改变，真正改变的是厂商的成本结构与效率。来自需求端的顾客要求极致的差异化，来自生产端厂商的成本结构要求极致的高效化。这样要求的最大公约数就是厂商要离顾客近，与顾客零距离，厂商才能够清楚顾客究竟需要什么，厂商才能够给顾客极致的体验和极致的差异化，厂商才能够与顾客共同创造价值。因为互联网是去中心化的结构，人人都是服务提供商，人人都是媒介，人人都是众包，这大大地降低了商业成本。

1. 入口 ❷

互联网入口，即链接人与信息的一个通道。作为通道的入口在不同历史时期是有不同层次的，前后的关系是微妙的，而且智能终端的改变也会带来入口

---

❶ 罗珉，李亮宇. 互联网时代的商业模式创新：价值创造视角[J]. 中国工业经济，2015（1）：95-107.

❷ http://it.sohu.com/20131211/n391603046.shtml.

的变化,不同终端对入口则又有新的需求。

不过虽然不同时期、不同地域、不同终端在入口上的变化千差万别,却也遵循一个大的趋势:硬件—软件—站点—云。

入口延伸发展的逻辑特点如下。

1)横向特点

(1)终端转移是入口的再造

电脑的入口已经很成熟了,但手机的入口还在发展,而电视、汽车等其他终端才刚刚开始。这也是为什么小米等公司拓展硬件类别的原因,就是在其他硬件入口还未成形前抢入口,获得先发优势。

(2)终端转移对现有软件或服务的吸纳

很多新硬件的产生需要重新从无到有建立入口,但很多硬件会配套现有的软件或服务,这样这些软件或服务商就会获得入口优势。苹果推出 iPad 就是这种逻辑,完全与现有的 iOS 系统打通,直接抢占平板电脑的入口。

(3)同类型的入口在不同终端的地位不同

这是由不同终端的特性决定的,比如在 PC 端网页服务可以成为入口,而在手机移动端,客户端的形式占据重要位置。

2)纵向特点

(1)入口越来越虚拟化

入口遵循一个硬件—软件—服务—云的流程,入口越来越虚拟化,最后入口即信息,所谓入口也就没有意义了。入口的这种进化是符合规律的,一切有流程的事物总是越来越简化的,效率是我们永恒的追求。

(2)新的入口导致旧的入口边缘化,甚至空心化

新的入口往往对旧的入口是颠覆的,而且是踩着旧入口的尸体,例如现在硬件的价值已经非常低了,联想、惠普这样的硬件公司已经在谋求转型了。

(3)不同层级的入口强弱程度不同

虽然上文说新的入口会导致旧的入口边缘化,但有些入口具有强势地位,入口作用能保持很久,而有的入口则相对较弱。例如,操作系统和浏览器就是强入口。

(4)不同层级的入口会前后拓展

为了保持入口的生命力,很多入口会前后拓展以保持生命力。Chrome 浏览器已经瓦解了 IE 的垄断,但 Windows 的强势还是让谷歌不敢掉以轻心,而 Chrome Book 的推出预示着谷歌借浏览器往回发展操作系统。另外一个向前拓展的例子就是 360,浏览器—导航—搜索,360 通过向后拓展来保持其入口的稳定性。

2. 用户体验

ISO 9241-210 标准将用户体验定义为:"人们对于针对使用或期望使用的产品、系统或者服务的认知印象和回应"。也就是说,用户体验主要反映用户对使

用的产品的意愿和态度。

ISO 定义的补充说明解释如下："用户体验，即用户在使用一个产品或系统之前、使用期间和使用之后的全部感受，包括情感、信仰、喜好、认知印象、生理和心理反应、行为和成就等各个方面。"[1]

用户体验包括产品、用户和使用环境三个因素。用户体验的目标就是在用户使用产品的过程中将产品本身和用户使用环境结合，提高用户的效率。用户体验的本质就是研究目标用户在目标环境下的思维模式和行为模式，产品的设计要符合这种模式，并进一步能够利用这种模式。简而言之，用户体验的目标就是不断达到有用、易用、好用、爱用四个阶段。[2]

3. 免费[3]

数字化产品生产的固定投入成本高，但是边际成本低，即产品初次生产成本高、再次生产成本低，甚至几乎为零，因为产品再次生产只需要在电脑上复制和粘贴，所需成本几乎为零。可见，商品免费是符合互联网经济的基本规律的。而且，当商品价格等于零时，用户选择心理成本消失，导致消费心态发生转变，产品消费变得非理性，企业看似放弃了部分收入，实际上带来的是更多的尝试者和参与者，免费模式开创了蓝海市场、蓝海用户。

概括而言，通过免费赚钱在现实中存在以下几种模式：

一是"交叉补贴"的模式，即通过免费赠送一种商品服务，捆绑销售另一种商品服务。包括：常规产品免费，升级产品收费；单个产品免费，关联产品收费；硬件产品免费，软件服务收费；社交服务免费，游戏娱乐收费；搜索服务免费，广告客户收费；等等。

二是"三方市场"的模式，即针对产品生产者和使用者之外的第三方收费。例如，任何人登录互联网门户网站免费浏览信息，页面中的广告就在为你浏览信息付费，即"羊毛出在猪身上"。

三是"版本划分"的模式。包括：产品初级功能免费，产品升级功能收费；基础服务免费，增值服务收费；前期服务免费，后期服务收费；前端产品免费，后端服务收费；个人用户免费，企业用户收费；等等。[4]

四是"数据服务"的模式。这里，数据服务在实体世界中是价值链上利润最高的领域，而阿里巴巴则掌握着数以万计经济运行的核心数据，成千上万企业的经营情况，几亿个人的消费行为，这块利润来源可谓无限之大。

4. 场景化（场景营销）[5]

---

[1] ISO 9241-210：2010 Ergonomics of human-system interaction—Part 210：Human-centred design for interactive systems[S], 2010.

[2] 杨艾祥.下一站用户体验[M].北京：中国发展出版社, 2010.

[3] 李海舰, 田跃新, 李文杰.互联网思维与传统企业再造[J].中国工业经济, 2014（10）：135-146.

[4] （美）克里斯·安德森.免费[M].蒋旭峰, 冯斌, 璩静译.北京：中信出版社, 2012.

[5] 李智.场景营销的技术支点[J].商界（评论）, 2014（11）：86-88.

场景营销的核心是指根据消费者所处的不同地点、环境、时间和情景，进行营销信息的推送。与以往的营销方式不同，场景营销所关注的不是对媒体形式的利用，取而代之的是不同场景下的消费行为。这种"就地取材"的随意性，反而对品牌创意提出更高的要求。而之所以在今天，场景营销可以做到"就地取材"、"实时推送"，还得益于移动端定位技术的发展。

场景从分类上可以包括工作场景、家庭场景以及生活娱乐等消费场景。其中，生活娱乐消费场景，无疑是最重要的环节。企业在采用场景营销时，除了需要考虑不同的物理场景外，还需要考虑新客户获取，建立客户认知，培养使用习惯，以及维系忠诚用户等方面的逐渐递延。

场景营销是基于网民的上网行为始终处在输入场景、搜索场景和浏览场景这三大场景之一的一种新营销理念。浏览器和搜索引擎则广泛服务于资料搜集、信息获取和网络娱乐、网购等大部分网民网络行为。针对这三种场景，以充分尊重用户网络体验为先，围绕网民输入信息、搜索信息、获得信息的行为路径和上网场景，构建了以"兴趣引导＋海量曝光＋入口营销"为线索的网络营销新模式。用户在"感兴趣、需要和寻找时"，企业的营销推广信息才会出现，充分结合了用户的需求和目的，是一种充分满足推广企业"海量＋精准"需求的营销方式。❶

二、相关模式

闭环营销

简而言之，就是通过效果检测，让 campaign 中每一个平台、每一项内容的效果可观察、可衡量，并用于这个或下个 campaign 的进一步优化（图5-6）。

图5-6　闭环营销示意图

（资料来源：The Key to Success with Closed Loop Marketing）

---

❶　企业推广新思路　场景营销受沪企关注[N/OL].东方早报，2013-04-20.http://tech.ifeng.com/internet/detail_2013_04/20/24438628_0.shtml.

定义：向广告受众的计算机上写入自己的签语块，通过了解各个网络用户的偏好，并根据偏好有针对性地向其播放广告。拥有在广告网中的不同网站上跟踪并且定位网络用户的能力的这种营销方式被称为闭环营销。❶

闭环营销可能有两个方面的含义：

（1）将营销的效果更加准确地测量和识别出来，确保每一分钱都花得物超所值。

（2）从营销的过程中，收集各方面的消费者数据，用于后续产品的开发和改进。❷

◇小结

本章梳理了 Web2.0 时代自 2008 年至今的数字营销发展状况。社会化营销势不可挡，以人为本和互动精准的营销方式是未来网络营销的主流方向。目前，几种营销方式包括：微博营销、微信营销、移动媒体的营销以及网络视频营销，所有营销方式都以互联网技术发展为依据，根据消费者的媒介使用习惯，争取与消费者沟通互动，拉近距离，建立与消费者互信忠诚的关系，实现社会化营销。

---

❶ 闭环营销[EB/OL]. 百度百科：http://baike.baidu.com/link?url=8eKQxlIzYPArmJpurW-aBnfGMIJ1Q4pkcr
DUAVfA9078ehuG81RIQ82-2zPcjbF2HOWWSkHVO9Uh-zTSqWMzxq#1.
❷ 刘十九. 什么是营销的闭环[EB/OL]？知乎http://www.zhihu.com/question/29455331.

参考文献

[1] 谭小溪.基于大数据的服装奢侈品牌数字营销策略研究 [D].北京:北京服装学院,2015.

[2] 丁飞洋.数字营销的未来:强调关系连接 [N].中国经营报,2008.

[3] 陈秋英,陈青兰.消费者感知价值实际维度实证分析——以移动服务消费为例 [J].北京邮电大学学报(社会科学版),2011(3):63-71.

[4] 恰克·马丁.决战第三屏 [M].北京:电子工业出版社,2012:236.

[5] 余明阳,陈先红主编.广告策划创意学 [M].上海:复旦大学出版社,2003:430.

[6] 陈先红,余明阳.广告策划创意学 [M].上海:复旦大学出版社,2007:427.

[7] 纪华强编.广告策划 [M].北京:高等教育出版社,2006:279.

[8] 许璐,郭志明.2014 数字营销,从程序化购买和移动营销说起 [J].广告大观(综合版),2014(12):22-23.

[9] 陈园园.《2013 中国数字营销行动报告》发布 [J].互联网周刊,2013(8):56-58.

[10] 岳品莹.互联网时代,数字营销的变与不变 [J].互联网周刊,2014(19):48-50.

[11] 张利庠.构建企业策划的新型理论体系 [J].企业研究,2004(2):42-47.

[12] 梁绪敏,石束编.广告策划 [M].济南:山东大学出版社,2004:183.

[13] 杨明刚.营销策划创意与案例解读 [M].上海:上海人民出版社,2008:472.

[14] 胡飞.营销策划的创意探析 [J].现代商业,2013(31):66-67.

[15] 姚曦,秦雪冰.技术与生存:数字营销的本质 [J].新闻大学,2013(6):58-63.

[16] 姚曦,韩文静.参与的激励:数字营销传播效果的核心机制 [J].新闻大学,2015(3):134-140.

[17] 吴雯.新移动媒体时代的消费社会 [J].新闻研究导刊,2014(16):50.

[18] 江根源.广告策划 [M].杭州:浙江大学出版社,2007:216.

[19] 崔银河.广告策划与创意 [M].北京:中国传媒大学出版社,2007:162.

[20] 张丽霞,袁丽.数字化生存能力的内涵与结构解析 [J].中国电化教育,2012(1):24-28.

[21] 王霆,卢爽.数字化营销 [M].北京:中国纺织出版社,2003:508.

[22] 姜智彬,黄羲煜.整合数字营销策略研究 [J].中国广告,2014(11):134-137.

[23] 蒋旭峰,杜骏飞.广告策划与创意 [M].北京:中国人民大学出版社,2011:280.

[24] 张翔,罗洪程.广告策划 [M].长沙:中南大学出版社,2003:270.

[25] 王雅林,黄莺."数字化生存"挑战与生活方式的建构性调适 [J].自然辩证法研究,2003(6):

63–67.

[26] 叶元春 . 营销策划 [M]. 北京：清华大学出版社，2005.

[27] 刘畅 . "网人合一"：从 Web1.0 到 Web3.0 之路 [J]. 河南社会科学，2008（3）：137–138.

[28] 喻国明 . 微内容：数字时代的价值源泉 [J]. 新闻与传播，2006（10）：21–23.

[29] 喻国明 . 关注 Web2.0：新传播时代的实践图景 [J]. 新闻与传播，2006（12）：3.

[30] Web3.0，Web2.0，Web1.0 三者的区别与联系 [EB/OL] // 世界经理人管家 · 理论探讨
　　 Web3.0 讨论 . http：// my.icxo.com/256899/viewspace.

[31] 张述冠 . 破解"第二人生"的商业密码 [J].CIO Weekly，2007（14）.

[32] 中国网络媒体编委会 . 中国网络媒体 [M]. 北京：新世界出版社，2001.

[33] 李忠东 . 因特网上的第一封垃圾邮件 [J]. 科技之友，2004（9）.

[34] 谭旭 . 网络广告——现在就是未来 [J]. 网络与信息，1997（8）.

[35] 陶丹，张浩达 . 新媒介与网络广告 [M]. 北京：科学出版社，2001.

[36] 马文良 . 网络广告经营技巧 [M]. 北京：中国国际广播出版社，2001.

[37] 李海峰 . 网络传播与新广告 [M]. 武汉：武汉出版社，2002.

[38] 霍志刚 . 中国互联网广告的发展 [D]. 北京：对外经济贸易大学硕士学位论文，2007.

[39] 彭小瑜，基于 Web2.0 概念的网站及其商业模式分析 [D]. 武汉：华中科技大学硕士论文，
　　 2006.

[40] 鲁宏 .Web2.0 时代的网络传播 [J]. 河北大学学报（哲学社会科学版），2006（4）.

[41] 朱德利 .Web2.0 及其信息传播思想 [J]. 信息技术，2005（11）.

[42] 张莹 . 开心网注册用户破 4000 万 [N]. 中国新闻出版报，2009–07–30（6）.

[43] 奇虎网社区研究机构 . 社区时代的互联网营销 [J]. 中国广告，2009（3）：142.

[44] 丁邦清 . 娱乐大众，营销自己 [M]// 大众娱乐大众：新娱乐营销攻略 . 北京：机械工业出版社，
　　 2006：108.

[45] 邓超明 . 网络整合营销实践手记 [M]. 北京：电子工业出版社，2012.

[46] 微信 [EB/OL]. 百度百科 http：// baike.baidu.com/subview/5117297/15145056.htm.

[47] 袁淑华 . 基于移动互联网的营销传播策略研究 [D]. 大连：大连海事大学硕士学位论文，
　　 2014.

[48] 中国搜索引擎年度报告（2005 年市场份额版）[R].

[49] 樊葵 . 论网络广告媒体交互性的双重效应 [J]. 杭州师范学院学报，2001（7）：51–54.

[50] 艾瑞 . 中国网络广告年度报告（2005 年市场份额版）[R].

[51] 王成文 . 中国网络广告第一个十年发展研究 [D]. 郑州：河南大学硕士学位论文，2008：9–12.

[52] 中国互联网广告大事记 [J]. 市场瞭望，2014（6）：1–2.

[53] 陈洁 ."窄告"在分众传播时代的兴起与发展对策 [D]. 武汉：华中科技大学硕士学位论文，
　　 2008：16–24.

[54] 黄升民 . 分与聚：一个潮流五大关键 [J]. 广告大观，2007（6）：25–26.

[55] 郭九毓，汤晓山 . 新媒体技术下的网络广告创意表现 [J]. 西安电子科技大学学报（社会科

学版），2014（1）：61-64.

[56] 王成文，莫凡．网络广告案例评析 [M]．武汉：武汉大学出版社，2011．

[57] 中国互联网络发展状况统计报告 [R].2005.

[58] 李永红．我国主要门户网站网络广告研究——以新浪网为例 [J]．新闻世界，2012（9）：159-160．

[59] 徐晓丽．房地产网站盈利模式探析 [D]．济南：山东大学硕士学位论文，2011：35-45．

[60] 2005 年中国电子邮箱研究报告 [R]．

[61] 张书乐．实战网络营销——网络推广经典案例战术解析 [M]．北京：电子工业出版社，2015：311-326．

[62] 缔元信网络数据 http：//www.dratio.com/2012/0517/148840.html．

[63] CNZZ 中文互联网数据统计分析服务提供商 http：//data.cnzz.com/type/zhibiao.php．

[64] 张润彤．电子商务概论 [M]．北京：电子工业出版社，2003．

[65] 柳俊，王求真，陈珲．基于内容分析法的电子商务模式分类研究 [J]．管理工程学报，2011（3）：200-205．

[66] 陈晴光主编．电子商务基础与应用 [M]．北京：清华大学出版社，2010．

[67] 尹世杰．当代消费经济辞典 [M]．成都：西南财经大学出版社，1991．

[68] 胡岗岚．平台型电子商务生态系统及其自组织机理研究 [D]．上海：复旦大学，2010．

[69] 2005-2006 中国 Web2.0 现状与趋势调查报告 [R/OL].[2006-02-24].http：//it.sohu.com/20060224/n242002953.html．

[70] Tim O'Reilly. 什么是 Web2.0[J]．互联网周刊，2005（4）25．

[71] 杨洁．Web2.0 时代网络品牌广告创意探析 [J]．新闻爱好者，2012（14）：45-46．

[72]（美）克里斯·安德森．长尾理论 [M]．乔江涛译．北京：中信出版社，2007．

[73] http：//baike.baidu.com/subview/8258/5896175.htm#viewPageContent．

[74] 陈爱红．基于 Web2.0 的网络营销策略研究 [D]．合肥：合肥工业大学，2007．

[75] 黄孟芳，卢山冰．日本电通广告研究新走向 [J]．现代广告，2007：115．

[76] 黄升民，杨雪卉．"碎片化"来临品牌与媒介走向何处 [J]．国际广告，2005：25-29．

[77] 中国互联网络信息中心（CNNIC）.2006 年中国博客调查报告 [R]，2006．

[78] 黄志强．Web2.0 时代的广告传播研究 [D]．苏州：苏州大学，2008．

[79] 张玮．透析人人网：大学生使用的传播学意义分析 [D]．西安：西安交通大学，2009．

[80] 石伟华．新时代文化与中国服饰——浅谈山寨文化与草根文化对中国服饰流行的影响 [J]．科技信息，2010（2）．

[81] 朱海松．无线广告——手机广告的发布形式与应用标准 [M]．广州：广东经济出版社，2007．

[82] 吴清华．精准营销和社群营销将是互联网营销的主流 [J]．广告大观，2007．

[83] 孟威．网络互动：意义诠释与规则探讨 [D]．北京：中国社会科学院研究生院，2002．

[84] 中国互联网信息中心（CNNIC）．中国互联网络信息资源调查报告 [R/OL].[2006-06]http：//www.cnnic.cn/index/0E/00/11/。

[85] 李金秀 . 我国网络信息用户基本情况调查 [J]. 广东行政学院学报，2005（4）：92-96.

[86] 马湘临 . 痛点营销 [J]. 企业管理，2014（10）：31-32.

[87] 谭锐 . 微博话题营销策略探讨 [J]. 新闻界，2012（3）：3-4，7.

[88] 张梅珍，陆海空 . 微博平台话题营销的"变"与"势"[J]. 新闻知识，2015（1）：9-11.

[89] 刘生琰 . 网络集群的集合行为与构建合理的网络秩序——"艳照门"事件的社会学思考 [J]. 内蒙古农业大学学报（哲学社会科学版）2009（6）.

[90] 周湘艳 . 从传播学视角反思网络群体行为 [J]. 东南传播，2007（8）.

[91] 杜骏飞，魏娟 . 网络集群的政治社会学：本质、类型与效用 [J]. 东南大学学报（哲学社会科学版），2010（1）：43-50.

[92] 夏学奎 . 网络社会学建构 [J]. 北京大学学报（哲学社会科学版），2004（1）.

[93] 朱肖维 . 混合网络环境下网络集群行为的实证研究 [D]. 上海：上海交通大学硕士学位论文，2010：8.

[94] 刘瑛，杨伯溆 . 互联网与虚拟社区 [J]. 社会学研究，2003（5）.

[95] 陈安妮 . 新社交下的品牌营销变革——论社会化网络时代向社会化圈子时代的演进 [J]. 现代商业，2015（2）：35-37.

[96] Emanuel Rosen，Roger E. Scholl.The Anatomy of Buzz：How to Create Word-of-Mouth Marketing[M].New York：Random House，2000：44-47.

[97]（美）马克·休斯 . 口碑营销 [M]. 李芳龄译 . 北京：中国人民大学出版社 .2006：3.

[98] 蒋玉石 . 口碑营销概念辨析 [J]. 商业现代化，2007（1）：136.

[99] 张旭光，李一凡 . 垂直网络广告市场前景探析 [J]. 合作经济与科技，2010（20）：95-97.

[100] 李莹莹 . 网络分享心理研究 [D]. 武汉：华中科技大学，2012.

[101] 用户留存率 [EB/OL].[2012-05-23]. 百度百科 http：//baike. baidu. cone/view/4862186. htm.

[102] 产品运营入门：如何为你的产品吸引 100W+ 的用户 [EB/OL].http：//www.osshare.com/?p=732.

[103] 周艳 . 解析互联网媒体的内容运营和广告营销新模式 [J]. 现代传播（中国传媒大学学报），2011（12）：105-109.

[104] 邓少灵主编 . 网络营销学 [M]. 广州：中山大学出版社，2009：18.

[105] 菲利普·科特勒 . 营销管理 [M]. 北京：中国人民大学出版社，2013：102.

[106] 碧浪品牌 [DB/OL]. http：// baike.baidu.com / view / 586757.htm.

[107] 碧浪官微获得 2012 年度十佳企业官方微博 [N/OL].http：//news.365jilin.com/news/20121107/411552. html.

[108] 于瀚强 . 基于微信的企业网络营销模式探讨 [D]. 大连：大连海事大学，2014.

[109] 伍庆 . 碧浪品牌微博营销策略研究 [D]. 重庆：重庆工商大学，2013.

[110] 刘晓伟 . 社会化媒体营销研究 [D]. 济南：山东师范大学，2014.

[111] 刘文博 . 基于社会网络理论的社会化媒体营销模式研究 [D]. 济南：山东大学，2012.

[112] 姜丽 . 网络视频营销的模式、类型和策略研究 [D]. 武汉：华中科技大学，2013.

[113] 杨婷 . 中小企业移动互联网营销模式研究 [D]. 合肥：安徽大学，2014.

[114] 徐会敏.我国移动支付市场研究及发展初探 [D].成都：西南财经大学，2006.

[115] 徐艺欣.基于社会化媒体的精准营销研究——以新浪微博为例 [D].大连：大连海事大学，2013.

[116] 刘娟.移动支付商业模式及案例研究 [D].重庆：重庆大学，2008.

[117] 李俊.中国移动集团公司营销战略研究 [D].上海：上海财经大学，2007.

[118] 蔡紫鸿.我国移动支付业务的发展策略研究 [D].南京：南京邮电大学，2010.

[119] 谢洋.我国中小企业网络营销的问题及方法探讨 [D].成都：西南交通大学，2006.

[120] 马舒宁.企业微信营销传播研究 [D].大连：大连海事大学，2014.

[121] 郑娜.我们如何围好这条"微博"？ [J].中国商界，2010（2）：165.

[122] 董亚辉.我国企业绿色营销问题分析及对策研究 [J].中国商贸，2011（8）.

[123] 燕春兰.论微电影营销 [J].现代商贸工业，2012（12）.

[124] 慕艳平."超级媒体"手机二维码的移动营销价值及应用 [J].现代商业，2012（29）.

[125] 赵志云.以二维码为介质的跨媒体品牌营销 [J].中国包装，2012（2）.

[126] 刘青云.浅谈手机二维码技术在移动电子商务时代的作用 [J].计算机时代，2012（12）.

[127] 闻博，宋豆.移动支付视阈下新商业模式探究——以"滴滴打车"为例 [J].对外经贸，2015（4）.

[128] 唐巧盈.媒介融合视阈下手机二维码对广告业的影响及发展前景分析 [J].现代营销，2014（1）.

[129] 钟桂凤.物联网与二维码技术在移动式系统中的应用研究 [J].城市建设理论研究（电子版），2014（36）.

[130] 许青.大数据时代下湖南移动电子商务发展现状调查报告 [J].电子商务，2015（11）.

[131] 刘峰.手机 APP 营销模式及其关键问题分析 [J].电子商务，2014（10）.

[132] 李卫琳.移动电子商务与移动 Web 开发 [J].无线互联科技，2015（18）.

后 记

这是个万物生长的时代，是大变革的时代。

时代变革，首当其冲的，就是传播、广告、创意，是每日扑面而来的新奇，猝不及防的挑战。

作为广告研究者与教育者，面对变化时代的挑战，当以加倍的勤奋，来跟上时代进化的步伐；而同时也须加倍努力，在这个变化时代，依然紧握手中永恒不变的珍宝，拥有力量，在变化中一直向前。

这个永恒的珍宝，就是作为专业的广告人，对专业的坚守，对广告之路的坚守；是作为热爱创意的业中人，对创意价值的信仰，以及将这样的珍贵价值，传递给后来人，传递给广告行业的年轻学子。

广告、策划、创意，这些语词，自从它们诞生，它们就作为星辰大海间的光芒点点，一直在闪耀，并且一直不会消失。

广告不是任何其他，广告就是广告，它已在这个星球存在几千年。今天或者明天，它依然会在这个星球上开自己的花，种自己的树，做打动人心的事，触动一代一代共同的人性。它就是你我他面对的这个星球上，曾被打动的，每双眼睛，每一颗心。

广告一直呈现任时代如何变化也永远不变的流光溢彩。而这，就是我们广告人加以守持加以印刻的世界，是我们传播者无惧无畏的原因所在。

无论世界怎样变幻，广告人手中有珍宝。

广告人手握珍宝，就能一路创造前行，一路奋斗进化，于洪荒中有底气地走，于变幻中固执地守。

李小曼